原文訓読　歩くための

常陸国風土記テキスト

風土記ロマン●読む　歩く　見る　『常陸国風土記』入門ノート　二

はじめに

風土記を歩きはじめたころ、手にした本が岩波の『風土記』と『茨城県史料古代編』(『県史』と略称)であった。どちらも重く、出かける度にコピーをとり、持ち歩いた。しばらくして神田で講談社学術文庫『風土記(一)』を見つけた。

風土記は地誌である。地図も必携の道具である。茨城県全図、二〇万分一地勢図、五万分一・二万五千分一地形図と集めてみたが、どれもぴったりこない。コホリ単位の地図があれば、と思ったりもした。また、新しい地図は平成の大合併で多くの市町村名と領域が変わり、古い地名で探すことが難しくなった。また、大規模開発で、地形も変わり、古い景観が失われたところも多い。

手頃なテキストと地図は風土記を学ぶためには必携であろう。

『常陸国風土記入門ノート』を出した後、原文に興味を持ち、『県史』のテキストから、白文の風土記を作って見た。必要な注釈を入れても、A５判か新書判程度で一〇〇頁に満たない小冊子になることがわかった。加えてその頃、「四本集成」(林崎治恵著『風土記本文の復元的研究』汲古書院　二〇一七　所収)という写本照合に便利な資料も手にすることができた。

本書は、『県史』と「四本集成」に載る菅政友本に基づき、江戸期に世に出た『常陸国風土記』のテキストの復元を目標とした。注釈は定説が成立していない個所や風土記の内容理解に必要な個所について、取り上げるよう試みた。また、余白を多くとり、書き込みができて、持ち歩きに適した風土記テキストを考慮した。風土記の現地探訪や研究会等に活用していただければ幸いである。

なお、図書館や書店で、手にすることの出来る『常陸国風土記』本文・訓下文・現代語訳・解説などのついた書籍を以下に掲げる。

『岩波』 岩波書店、日本古典文学大系『風土記』秋本吉郎、昭和三三年一九五八。底本、松下見林本。現代語訳なし。

『小学』 小学館、新編日本古典文学全集『風土記』板垣節也、平成九年一九九七。底本、菅政友本・林崎治恵『四本集成』。

『山川』 山川出版、『常陸国風土記』沖森卓也・佐藤信・矢嶋泉、平成二〇年二〇〇八。底本、菅政友本。原文の様態を復元するよう勉める。旧字については新字に改める。俗字・異体字の類いは、通行の字体に改める。現代語訳なし。平成二八年二〇一六、出雲・播磨・豊後・肥前と合冊、『風土記』に。

『角川』 角川書店、ソフィア文庫『風土記』上・下、中村啓信、平成二七年二〇一五。底本、菅政友本。本文は、可能な限り旧態を求める努力をする。

『講談』 講談社、学術文庫『常陸国風土記』秋本吉德、平成十三年二〇〇一、新装。訓下文、注釈、現代語訳。

『平凡』 平凡社、東洋文庫『風土記』吉野裕、昭和四四年一九六九。平成十二年二〇〇〇、新装「ライブラリー」。現代語訳のみ。

『入門ノート』 崙書房、『常陸国風土記入門ノート』筆者、平成二九年二〇一七。底本、『県史』。訓下文・現代語訳・風土記記載全事項の現地探訪記録・歴史的地理的調査研究記録。

凡例

一　本書は、『県史』飯田瑞穂校訂菅政友本テキストを底本とする。

二　菅政友本・武田本・松下本は、「常陸国風土記四本集成」（林崎治恵著『風土記本文の復元的研究』所載）を参照する。行方郡については茨城県立歴史館所蔵「菅政友本」写真を参照する。

三　テキスト本文の字体は、本字・異体字・略字等、菅政友本に使われているものを、可能な限り用いる。

四　「三本」は『岩波』・『小学』・『山川』の各書店出版の『風土記』所載の「常陸国風土記」を示す。

五　本テキストには新たに句読点を付した。『県史』の読点を基とし、前記三本を参照した。なおテキスト本文中の傍訓ルビは松下本に付されていたものである。原本は片仮名。

六　註釈部に再掲した四六駢儷体部分の抽出は秋本吉郎の指摘による。地景情景の描写において顕著に文辞を飾っている九個所は以下の通り。

①　総記地体「夫常陸国者境是広大…唯見穀実豊稔之歓歟」
②　筑波郡福慈岳筑波岳「昔神祖尊巡行諸神之處…往集歌舞飲喫至于今不絶也」
③　筑波郡筑波峯之會「夫筑波岳高秀于雲最頂西峯…不得娉財児女不爲矣」
④　茨城郡高濵游樂「夫此地芳菲嘉辰…詠歌云」
⑤　香島郡神社周迊「地體高敞…佳麗之豊不可悉之」
⑥　久慈郡山田里「其川潭謂之石門…頓忘塵中之煩」
⑦　香島郡童子女松原「更欲相語恐人知之…自古著名至今不改」

その他、遊覧的文芸視覚から文辞を整えた眺望の表現として、

⑧　行方郡行細國「天皇四望…山阿海曲参差委蛇…物色可怜…」

⑨　行方郡香澄里「留連遙望…海郎青波浩行陸是丹霞空朦…」を加える。

七　歌・漢訳詩の再掲訓読は『小学』『山川』を参照した。

八　テキスト中に用いられている異体字等とその本字旧字について、主なものを郡別に郡冒頭の注に掲げる。

目次

零　総記

零・一　撰進之解

常陸國司解。申古老相傳旧聞事。

＊主な異体字等

撲＝模　惣＝総　ホ＝等　發＝発　秐＝耘　桒＝桑　𠩄＝所　盖＝蓋　實＝実　欤＝歟

零・二　我姫之道

問國郡旧事、古老答曰、古者自相摸國足柄岳坂以東諸縣、惣稱我姫國。是當時、不言常陸。唯稱新治、筑波、茨城、那賀、久慈、多珂國、各遣造別、令換挍。其後至難波長柄豊前大宮臨軒天皇之世、遣高向臣、中臣幡織田連ホ、惣領自坂已東之國。于時、我姫之道、分為八國、常陸國居其一矣。

零・三　常陸國名由来

所以然號者、往來道路、不隔江海之津済、郡郷境堺、相續山河之峯谷、取近通之義、以為名稱焉。或曰、倭武天皇巡狩東夷之國、幸過新治之縣、所遣國造毗那良珠命、新令掘井。流泉浄澄、尤有好愛。時停乘輿、翫水洗手。御衣之袖、垂泉而沾。便依漬袖之義、以為此國之名。風俗諺云、筑波岳黒雲挂、衣袖漬國、是矣。

＊「近通之義」の校訂と訓みについて

「近」、『県史』に、『岩波』には「直」に改めてある。字體文意より「延」の誤りとみることもできよう。萬葉集注釋所引本には底本と同じく「近」とある、と。この個所、「ひたち」の国名起源に関わる所。『岩波』は、「直」として「ひたみちのこころ」と訓み、頭注に「直路また一路、陸路だけでゆきき出来る意。通は道の意」と記す。『小学』も「ひたみち」で、頭注に「ヒタスラなどのヒタでヒトの転、チは道の意、ヒタチは一本道の意」と。『山川』は「近（ちか）く通（かよ）ふ義（こころ）」と訓む。

＊底本等「衣袖漬□是矣」の校訂について

「□」、底本等無し。『県史』は、『萬葉集註釋』所引本及び類従本・西野本に従って、「國」を補う。『岩波』『小学』も同様、『山川』は底本通り。

零・四　常世之國

夫常陸國者、堺是廣大、地亦緬邈、土壤沃墳、原野肥衍、墾發之処、山海之利。人人自得、家々足饒。

設有身労耕耘、力竭紡蛩者、立即可取富豊、自然應免貧窮。況復求塩魚味、左山右海。植桒種麻、後野前原。昕謂水陸之府藏、物産之膏腴。古人云常世之國、盖疑此地。但以所有水田上小中多、年遇霖雨、即聞苗子不登之難、歳逢亢陽、唯見穀實豊稔之歡歟。（不略之）

＊駢儷体の地景情景表現

駢儷体、駢文、駢体とも。中国六朝時代に行われた四字六字の対句を並べ、音調を重視し、故事を好んで引用した文体。ここでは以下の通り。

夫常陸國者
　堺是廣大　地亦緬邈
　土壤沃墳　原野肥衍
　墾發之処　山海之利
　人人自得　家々足饒
　設有身労耕耘　力竭紡蛩者
　立即可取富豊　自然應免貧窮
況復
　求塩魚味　左山右海
　植桒種麻　後野前原
　昕謂水陸之府藏　物産之膏腴
　古人云常世之國　盖疑此地
但以所有水田上小中多

＊求塩魚味・植桒種麻　対句とすれば求塩味魚となるか（『小学』）

年遇霖雨　即聞苗子不登之難
歳逢亢陽　唯見穀實豊稔之歡欤

＊「難」　『岩波』は「歎」とし、「歡」の対とする

一　新治郡

一・一　郡域

新治郡。〔東那賀郡堺大山、南白壁郡、西毛野河、北下野常陸二國堺、即波大岡。〕

＊主な異体字等

隨＝随　尓＝爾　稱＝称　賣＝売　歸＝帰　敍＝叙　驛＝駅

一・二　郡名起源

古老曰、昔美麻貴天皇馭宇之世、為平討東夷之荒賊、〔俗云、阿良夫流尓斯母乃。〕遣新治國造祖、名曰比奈良珠命。此人罷到、即穿新井、〔今存新治里。隨時致祭。〕其水浄流。仍以治井、因著郡號。自尓至今、其名不改。〔風俗諺云、白遠新治之國。〕（以下略之）

一・三　葦穂山有油置賣命

自郡以東五十里、在笠間村。越通道路、稱葦穂山。古老曰、古有山賊、名称油置賣命。今社中在石屋。

俗歌曰、〔許智多祁波　畢婆頭勢夜麻能　伊波歸尓母　為弖許母郎牟　奈古非敍和支母。〕（以下畧之）

＊歌一首

言痛（こちた）けば　小泊瀬山（をはつせやま）の　石城（いはき）にも　率（ゐ）て籠（こも）ら（な）む　勿（な）恋（こ）ひそ我妹（わぎも）

「（な）」、西野本は「奈」を補ってある。

一・四　大神驛家（逸文、『萬葉集註釋』巻二）

（常陸國風土記云「新治郡、）驛家。名曰大神。所以然称者、大蛇多在。因名驛家。（」云々、）

二　筑波郡

二・一　郡域

筑波郡。〔東茨城郡、南河内郡、西毛野河、北筑波岳。〕

＊主な異体字等
旨＝旨　擕＝携

二・二　郡名起源

古老曰、筑波之縣、古謂紀國。美万貴天皇之世、遣采女臣友属筑簞命於紀國之國造。時筑簞命云、欲令身名者著國、後代流傳。即改本號、更稱筑波者。〔風俗説云、握飯筑波之國。〕（以下略之）

二・三　福慈岳筑波岳

古老曰、昔祖神尊、巡行諸神之処、到駿河國福慈岳。卒遇日暮、請欲過宿。此時、福慈神答曰、新粟初嘗、家内諱忌。今日之間、冀許不堪。於是、神祖尊、恨泣詈告曰、即汝親。何不欲宿。汝所居山、生涯之極、冬夏雪霜、冷寒重襲、人民不登、飲食勿奠者。更登筑波岳、亦請容止。此時、筑波神答曰、今夜雖新粟嘗、不敢不奉尊旨。爰設飲食、敬拜祇承。於是、神祖尊、歡然諱曰、愛乎我胤、巍哉神宮。天地並斉、日月共同、人民集賀、飲食富豊、代代無絶、日々弥栄、千秋万歳、遊樂不窮者。是以、福慈岳、常雪不得登臨。其筑波岳、往集歌舞飲喫、至于今不絶也。

（以下畧之）

＊駢儷体の漢訳韻文の訓読

神祖の尊、歓然び諱曰ひたまはく、
　愛しきかも我が胤　巍きかも神つ宮
天地と並斉しく　日月と共同に
人民集ひ賀ぎ　飲食富豊けく
代々に絶ゆるなく　日々に弥栄え
千秋万歳に　遊樂窮きじ

＊「容止」の訓について

「容止」の義は「かほかたち、立ち居振る舞い」ではなく、「うく・ゆるす・ひそかに」「いれる・おさめる」の意。唐律の用語で、「やどり・やど」の義に用いられている。編述者は、法律用語を熟知して用いていると指摘される（小島憲之『上代日本文学と中国文学』）。

＊底本「今夜雖粟嘗」の校訂について

菅政友本には、右傍「本ノママ」、左傍「新カ」がある。推察すると、彰考館本には「雖」とあって、それを菅政友は「新」と考えたのであろう。武田本と松下本には「新」とあり、傍書はない。この二本の原本は「新」とあったのであろう。ここの文意から考えると、「雖新」が入るか。西野本・『岩波』『小学』が「雖新」としたのは、「ネ」は「新」の偏の部分「亲」の目移り誤写、「隹」は「雖」の旁の部分の目移り、の二つが重なって「⿰礻隹」となったものと考え、校訂者は文意と菅政友本「⿰礻隹」の字形との双方から、原文を「今夜雖新粟嘗」と想定したものか。

二・四　筑波峯之會

夫筑波岳、高秀于雲。最頂西峯峥嶸、謂之雄神、不令登臨。但東峯四方磐石、昇降坱圠。其側流泉、冬夏不絶。自坂已東諸國男女、春花開時、秋葉黄節、相携駢闐、飲食齎賷、騎歩登臨、遊樂栖遲。其唱曰、〔都久波尼尔　阿波牟等　伊比志古波　多賀己等岐氣波加　弥尼阿波須氣牟也。都久波尼尔　伊保利弖　都麻奈志尔　和我尼牟欲呂波　々夜母　阿氣奴賀母也。〕詠歌甚多、不勝載車。俗諺云、筑波峯之會、不得娉財、児女不為矣。

＊駢儷体の地景情景表現

夫筑波岳　高秀于雲
最頂西峯峥嶸　謂之雄神　不令登臨
但東峯四方磐石　昇降坱圠　其側流泉　冬夏不絶
自坂已東諸國男女

春花開時　秋葉黄節
相携駢闐　飲食齎賚
騎歩登臨　遊樂栖遅

＊歌二首

筑波峯に　逢はむと　云ひし子は　誰が言聞けばか　峯（み寝）逢はずけむ
筑波峯に　廬りて妻無しに　我が寝む夜ろは　早も　明けぬかも

＊底本「決屹」の校訂と訓みについて

橋本雅之は、①「但」は逆接の例はなく、限定修飾用法とする。②決屹、峡屹は漢語として例がないようであり、根拠に乏しい。「坱圠」は『文選』に例があり、『県史』『講談』『小学』は首肯されるとし、「坱圠」の解釈を『文選』の訓詁「限りないさま」「広大なさま」を妥当とする。③さらに訓は万葉集から「とほしろし」をとる。以下のように試訓する。「但東の峯のみ、四方盤石にして、昇り降りは坱圠。其の側に泉流りて、冬も夏も絶えず」（橋本『古風土記の研究』）。「とほしろし」大きい、雄大である（『時代別国語大辞典』）。

＊底本「齎賫」の校訂と訓みについて

底本・武田本には、「齎賫」とある。松下本には「齎賚」とある。齎賚が正字か。齎、jī、セイ、もたらす、あたえる、もっていく。賫、jī、セイ、齎と同字。賚、lai4 ライ、たまふ、たまもの、あたへる。

＊底本「多賀己等岐氣波加弥尼阿須波氣牟也」の訓みについて

『県史』『岩波』は底本通りで、「多賀己等岐氣波、加弥尼阿須波氣牟也」（誰が言聞けば 神嶺あすばけむ）と訓み、大意は、「誰の云うことを聞いて、嶺で遊んだのだろうか」とする（『岩波』）。『小学』『山川』は、「加」を前句に付け、「須波」の語順を入れ替え、「多賀己等岐氣波加　弥尼阿波須氣牟也」（誰が言聞けばか　嶺逢はずけむ）と訓み、「誰の言葉を聞いたから、私には嶺で逢ってくれなかったのだろうか」の意とする（『小学』）。

＊底本等「不得娉財児女不爲矣」の校訂と訓みについて

『県史』は、底本等にはないが、『萬葉集註釋』所引本及び類従本・西野本に従って「…娉財者、児女…」と「者」を補う。『岩波』は底本等通りで「つまどひのたからをえざれば、むすめとせず」と訓む。『小学』は「者」を補って「つまどひのたからをえざれば、ことせず」（求婚の贈り物をもらわないと、一人前の男女とはみなさない）。橋本雅之は「つまどひのたからをえず。をとめなさざりき」（女性から娉財を得なかった。あの娘は私の求婚を承知しなかった）とする。「娉財」は古代、男性の求婚に対して、女性が受諾の意思表示として男性に送るものという。「娘からつまどいの財を、もらえなかった。求婚は断られた」の意とする（橋本前掲書）。

二・五　騰波江

郡西十里、在騰波江。〔長二千九百歩、廣一千五百歩。〕東筑波郡、南毛野河、西北並新治郡、艮白壁郡。（已下落丁アリ此内ニ河内郡可在之）

＊底本等「東」以下十八文字について

『県史』は、騰波江の四至と見て細注に改める。類従本にはこの上に「白壁郡」の三文字を補い、「艮白壁郡」の四字を削り、細注に改めてある。西野本にはこの上に「河内郡」の三文字を補い、細注に改めてある、と。

三　信太郡

三・一　郡域

信太郡。〔東信太流海、南榎浦流海、西毛野河、北河内郡。〕

＊主な異体字等

朩＝等　捴＝総　昕＝所

三・二　建郡（逸文、尊経閣文庫架蔵『釋日本紀』巻十、鎌倉末期写本）

（公望私記曰、案、常陸国風土記云、「信太郡云々、」）古老曰、御宇難波長柄豊前宮之天皇御世、癸丑年、小山上物部河内、大乙上物部會津朩、請捴領高向大夫朩、分筑波、茨城郡七百戸、置信太郡。此地本日高見國。（」云々）

＊この逸文は『釋日本紀』引用の『公望私記』記載のもの。『公望私記』は、延喜四年九〇四、に、紀伝学生矢田部公望が書き留めた『日本書紀』の講義録で、既に存在しない。

＊本文「請揔領」の校訂について

「請」、写本『釋日本紀』には無し。『県史』は西野本に従って補う。

＊本文「此地本日高見國」について

『小学』は、古老曰くの引用符の外に記している。つまり風土記編述者の文とする。『山川』は、古老曰へらくの引用符の中に入れる。つまり、風土記本文の古老の言として記す。『平凡社』も同様。『岩波』と『県史』とは、いずれともとれる表記である。『岩波』は頭注に、本来は大祓祝詞「大倭日高見国」、景行紀「東夷之中、有日高見国」とあるによれば、領有すべきよき地を美称していう語であったとすべきか、と。朝廷などの用語とすると、風土記編述者の言とすべきか。

三・三　郡名起源（逸文、彰考館架蔵『萬葉集註釋』巻二、江戸中期写本）

（常陸国風土記記名信太郡由縁云、〔〕黒坂命、征討陸奥蝦夷、事了凱旋。乃多歌郡角枯之山、黒坂命遇病身故。爰改角枯、号黒前山。黒坂命之輀轜車、發自黒前之山、至日高之國。葬具儀、赤旗青幡、交雜飄颺、雲飛虹張、瑩野耀路。時人謂之赤幡垂國。後世言便称信太國。〔〕云々、）

＊『萬葉集註釋』、仙覚抄とも。東国出身とされる仙覚著。鎌倉中期文永六年一二六九、成立。一〇巻。難解な歌について精細に注解し、書名の意義・撰定・撰者などに関して論理的文献的に研究している。すぐれた万葉注釈書の最初のもの。散逸した風土記を引用していることでも知られる。

＊本文「遇病身故爰」の訓みについて

『県史』は「遇病身、故爰」とする。『山川』は「病に遇ひて身故りたまふ。爰に」と訓む。『岩波』『小学』なども同様。

三・四　碓井

郡北十里、碓井。古老曰、大足日子天皇、幸浮嶋之帳宮、無水供御。即遣卜者訪占所々穿。今存雄栗之村。

三・五　高来里

従此以西、高来里。古老曰、天地權輿、草木言語之時、自天降來神、名称普都大神。巡行葦原中津之國、和平山河荒梗之類。大神、化道已畢、心存帰天。即時、隨身器仗、〔俗曰、伊川乃、甲戈楯劔。〕及所執玉珪、悉皆脱屣、留置茲地、即乗白雲、還昇蒼天。（以下畧之）

＊底本等「〔俗曰伊川乃〕甲戈楯劔」の割注について

『県史』と『岩波』は底本通り。『小学』は頭注に「伊川乃だけが器仗の訓注ではない。隨身器仗と所執玉珪が対句であり、甲戈楯劔までを器仗の説明注とすべきである」として、甲戈楯劔までを割注とする。『山川』も同様。

三・六　葦原鹿

風俗諺云、葦原鹿、其味若爛、喫異山宍矣。二國大獵、無可絶尽也。

三・七　飯名社

其里西、飯名社。此即、筑波岳所有飯名神之別属也。

三・八　榎浦之津

榎浦之津。便置驛家。東海大道、常陸路頭。所以傳驛使等、初將臨国、先洗口手、東面拜香嶋之大神、然後得入也。（以下畧之）

三・九　乗濵里

古老曰、倭武天皇、巡幸海邊、行至乗濵。于時、濵浦之上、多乾海苔。〔俗云、乃理。〕由是、名能理波麻之村。（以下畧之）

三・十　浮嶋村

乘濵里東、有浮嶋村。〔長二千歩、廣四百歩。〕四面絶海、山野交錯。戸一十五烟、里七八町餘。所居百姓、火塩為業。而在九社、言行謹諱。（以下畧之）

四　茨城郡

四・一　郡域

茨城郡。〔東香嶋郡、南佐礼流海、西筑波山、北那珂郡。〕

＊主な異体字等

挨＝族　刼＝劫・刧　殺＝殺　竪＝豎　濵＝濱・浜　坐＝坐　濤＝涛　軫＝軫　桒＝桑

＊底本「佐礼流海」（武本・松本「禮」）の校訂について

『県史』は、『郡郷考』には「佐礼は佐賀の誤なる事疑なし」「或云佐礼は佐我に作りたるよりの誤なるべし」といい、栗田寛説には「佐賀の誤か」（標注一〇頁）という、とある。『岩波』『小学』ともに、「佐我」と訂正し、出島半島東南部の霞ケ浦を言う、と。『山川』は底本通り。

四・二　郡名起源

古老曰、昔在國巣、〔俗語、都知久母。又云夜都賀波岐。〕山之佐伯、野之佐伯。普置堀土窟、常居穴。有人來、則入窟而竄之。其人去、更出郊以遊之。狼性梟情、鼠窺掠盗。無被招慰、弥阻風俗也。此時大臣挨黒坂命、伺候出遊之時、茨蕀施穴内、即縦騎兵、急令逐迫。佐伯等、如常走帰土窟、盡繫茨蕀、衝害疾死散。故取茨蕀、以著縣名。〔所謂茨城郡、今存那珂郡之西。古者家所置、即茨城郡内。風俗諺云、水依茨城之國。〕或曰、山之佐伯、野之佐伯、自為賊長、引率徒衆、横行國中、太為刼殺。時黒坂命、規滅此賊、以茨城造。所以地名便謂茨城焉。〔茨城國造初祖、多祁許呂命、仕息長帯比賣天皇之朝、當至品太天皇之誕時。多祁許呂命、有子八人。中男筑波使主、茨城郡湯坐連等之初祖。〕

＊底本等「所謂茨城郡……古者家所置即茨城郡内」の校訂について

『県史』は、「所謂茨城郡」の「郡」の字は、底本等では下文「古者家所置」の「家」の横に当たる位置にあるので、もと「郡家所置」とあった文の「郡」が傍行にまぎれたものと見られる。中山本・類従本に従って「郡」を下文「家」の上に移した、とある。西野本など諸本も同様。この校訂によって、以後、茨城郡の「旧」郡家の所在地が那賀郡「茨城里」小原地域にあったと想定されるようになった。『岩波』『小学』も同様。底本等のままで、「家」を「みやけ」と訓んだのは、『山川』が初めてか。石岡市の考古学調査では、「茨城評家」の主要施設の整備が七世紀後半には始まるという。『入門ノート』参照。

四・三　信筑之川

従郡西南、近有河間。謂信筑之川。源出自筑波之山、従西流東、經歴郡中、入高濵之海。〔以下略之〕

四・四　高濵游樂

夫此地者、芳菲嘉辰、揺落凉候、命駕而向、乗舟以游。春則浦花千彩、秋是岸葉百色。聞歌鶯於野頭、覧儛鶴於渚干。社郎漁孃、逐濵洲以輻湊、商豎農夫、棹艀艖而往來。况乎三夏熱朝、九陽蒸夕、嘯友率僕、並坐濵曲、騁望海中。濤氣稍扇、避暑者、袪鬱陶之煩、岡陰徐傾、追凉者、軵歡然之意。詠歌云、〔多賀波麻尓　支与須留奈弥乃　意支都奈弥　与須止毛与良志　古良尓志与良波。又云、　多賀波麻乃　志多賀是佐夜久　伊毛乎□①比　川麻止伊波阿夜　□②古止賣志川□③。〕

＊騈儷体の地景情景表現

夫此地者
　芳菲嘉辰　揺落凉候
　命駕而向　乗舟以游
　春則浦花千彩　秋是岸葉百色
　聞歌鶯於野頭　覧儛鶴於渚干
　社郎漁孃　逐濵洲以輻湊
　商豎農夫　棹艀艖而往來
况乎
　三夏熱朝　九陽蒸夕
　嘯友率僕　並坐濵曲　騁望海中
　濤氣稍扇　避暑者　袪鬱陶之煩

岡陰徐傾　追涼者　軟歡然之意

＊歌二首

高浜（たかはま）に　来寄（きよ）する浪（なみ）の　沖（おき）つ浪（なみ）　寄（よ）すとも寄（よ）らじ　子（こ）らにし寄（よ）らば
高浜（たかはま）の　下風（したかぜ）さやぐ　妹（いも）を恋（こ）ひ　妻（つま）と言（い）はばや　しことめしつも

本文、□①に古、□②に志、□③に毛、を入れ、「川麻止伊波阿夜」の「阿」を「波」と訂正する。

＊底本等「九陽並（丞・烝・蒸・煎）夕」の校訂と訓みについて

「並（丞・烝・蒸・煎）」、『県史』は西野本に従って「蒸」と改める。『岩波』は「煎」として「ひのいれるゆふべ」と訓み、『小学』は「金」として「ひのこがねなすゆふへ」と訓み、『山川』は「丞は省文」と注して「烝」とし「ひのむすゆふへ」と訓む。

四・五　桒原岳

郡東十里、桒原岳。昔、倭武天皇、停留岳上、進奉御膳。時令水部新堀清井。出泉浄香、飲喫尤好。勅云、能渟水哉。〔俗云、与久多麻礼流弥津可奈。〕由是、里名今謂田餘（たまり）。（以下略之）

＊「進奉御膳」について

「御膳」は天皇の食料、神に供える御饌（みけ）。『小学』は頭注で、「膳」はそなえもの。料理。「御膳」で、天皇のお食事、とあるが、訳文は「土地の神にお食事を献じたもうた」とする。天皇が神にお供えした、の意。『平凡』『講談』はともに「お食事を奉ろう」「お食事をさし上げよう」とあり、文脈から侍従が天皇に差し上げるの意。

五　行方郡

五・一　郡域

行方郡。〔東南並流海、北茨城郡。〕

＊主な異体字等

虵＝蛇　谿＝渓　冝＝宜　邉＝辺・邊　凢＝凡　艸・屮＝草　驛＝駅　栝＝筈　盡＝尽　昕＝所　𣏂・煞・𣏂・𣪘＝殺　捝＝挩・梲　伇＝役　坐＝坐　徃＝往　鹽＝塩　餝＝飾　盖＝蓋　黨＝党　藝＝芸　㫖＝旨　欵＝款

＊底本等「東南並流海」の校訂について

『県史』は、郡郷考・松岡静雄説・『岩波』に従って「東南西並流海」とする。『小学』『山川』は底本通り。

五・二　建郡

古老曰、難波長柄豊前大宮馭宇天皇之世、癸丑年、茨城國造小乙下壬生連麿、那珂國造大建壬生直夫子等、請惣領高向大夫、中臣幡織田大夫等、割茨城地八里、那珂地七里、合七百余戸、別置郡家。

＊底本等「割茨城地八里□□□□□合七百余戸」の校訂について

『県史』には、「茨城地八里」の下に恐らく脱字があると考えられる。『郡郷考』にはこの下に「那珂地七里」の字を補っている、とある。木簡の研究から、「五十戸」と書いて「サト」と訓むことや、その「サト」表記の「五十戸」から「里」への変更が、天武十年六八一、から十二年にかけて進められ、持統二年六八八、以降は「里」に統一されたことが明らかにされた。また、「国・評・五十戸」制については、岐阜県富加町の石神遺跡から出土した木簡「乙丑年十二月三野国ム下評大山五十戸」から、天智天皇四年六六五、までさかのぼる、と。（岩波『木簡　古代からの便り』二〇二〇）

五・三　行細國

所以稱行方郡者、倭武天皇、巡狩天下、征平海北。當是、經過此國、即頓幸槻野之清泉、臨水洗手、以玉尊井。今存行方里之中。謂玉清井。更廻車駕、幸現原之丘、供奉御膳。于時、天皇四望、顧侍従曰、停輿徘徊、挙目騁望、山阿海曲、参差委蛇。峯頭浮雲、谿腹擁霧。物色可怜、郷體甚愛。宜可此地名称行細國者。後世追跡、猶号行方。〔風俗云、立雨零行方之國。〕

＊駢儷体の地景表現

天皇四望　顧侍従曰

停輿徘徊　挙目騁望

山阿海曲　参差委蛇

峯頭浮雲　谿腹擁霧
物色可怜　郷體甚愛
宜可此地名称行細國者

＊底本等「以玉□井」の校訂と訓みについて

「□」はクズシ字で、「落・榮・為・尊」などの校訂説がある。『県史』は、伴本傍書・類従本・西野本に従って「落」に改めた。『岩波』は脚註に「字体の近似によれば榮または滎の誤りとすべきか」とし、「榮」を当て、「玉で井を榮（さきは）へたまひき」と訓み、「ことほぐ」の意か、とする。『小学』は「為」とし、「玉で井を為（つく）りき」と訓み、『山川』は「尊」として、「玉を以ちて井を尊（たふと）びたまひき」と訓む。

五・四　無梶川

其岡高敞、々名現原。降自此岡、幸大益河、乗艤上時、折棹梶。因其河名、稱無梶河。此則茨城行方二郡之堺。河鮒之類、不可悉記。自無梶河、達于部陲。有鴨飛度。天皇御時、鴨遏應弦而墮。其地謂之鴨野。土壌塉埆、草木不生。野北、櫟柴鶏頭樹斗之木、往々森々、自成山林。即有枡池。此高向太夫之時、所築池。北有香取神子之社。々側山野、土壌腴衍、草木密生。

＊底本等「高敞二名現原」の校訂と訓みについて

底本等「二二」とあるが、『県史』は「今」として、狩谷本・西野本にはこの字がなく、類従本にはこの字を削って空白一格を置く。或いは「々」で、「故」の誤りか、と記す。『岩波』は「高敞、敞」として、「高（たか）く敞（あらは）る。

敞（をか）を」と訓む。『小学』は「名之現原」として「あらはらとなづく」と訓む。『山川』は「々」として、「高く敞（ひろ）し、敞（たひ）らかにあれば」と訓む。

＊底本等「天皇御時」の校訂と訓みについて

『県史』は、類従本に従って「御射」と改めた、と。また、西野本には「躬射」に改めてある、と。『岩波』は「御射」として「射たまひしに」と訓み、『小学』は「躬射」として「躬（みづか）ら射たまへば」と訓む。『山川』は底本通りで「御（おほ）しましし時（とき）に」と訓み、補注で、天皇がいらしゃった時に、弦の音に反応して、矢を射ないのに鴨がそこに落ちたの意、と。

＊底本等「斗之木」の校訂と訓みについて

『県史』には底本等には「斗」とあるが、小宮山本傍書・伴本傍書・後藤蔵四郎説に従って「ホ（等の異体）」と改めた、とある。『岩波』『山川』は「比之木（ひのき）」とする。『小学』は「斗の木」として、頭註で、「不明。椒・等・比の字か」また「枡を造る材の木か」と。いずれも不明確。

五・五　行方之海

郡西津済。所謂行方之海。生海松及焼塩之藻。凡在海雑魚、不可勝載。但以鯨鯢、未曽見聞。

＊底本等「以」の訓みについて

『県史』は中山本傍書・類従本・西野本に従って「如」と改めた。三本、いずれも「以（おも）ふに」と訓む。

五・六　郡家

郡東国社。此号縣祇。中寒泉、謂之大井。縁郡男女、會集汲飲。郡家南門有一大槻。其北枝、自垂觸地、還聳空中。其地、昔有水之沢。今遇霖雨、廳庭湿潦。郡側居邑、橘樹生之。

＊底本等「中寒泉」の校訂について

「中」の前、西野本は「杜」を補う。『県史』は、『岩波』に従って「社（もり）」を補った、と。『小学』は「杜」を補う。『山川』は底本通り。

＊「還」の副詞的用法について

「還」の助辞（副詞、また・なほ）用法は漢語漢文での筆録意図を示し、上代文献では日本書紀・懐風藻・万葉集の詩文などの他、風土記では六朝美文を模した『常陸国風土記』と丹後逸文の「浦嶋子」に見られるのみ。日常的な文字表現である木簡には一例も見られない（瀬間正之『風土記の文字世界』）。

五・七　提賀里

自郡西北、提賀里。古有佐伯、名手鹿。為其人居、追著里。其里北、在香嶋神子之社。々周山野地沃、艸木、椎栗竹茅之類多生。

＊底本等「艸木椎栗竹茅之類多生」の訓みについて

『岩波』は、脚注に、底本・諸本「艸木」二字。「柴」一字の誤とすべきか、と。『小学』は、「艸木、椎・栗・・・」として、「艸木は、椎・栗…」と訓み、頭注に、『全書』（日本古典全書）に当国風土記には、物品を列挙するのに、「器杖、甲・戈…」「奉幣、大刀・弓…」「品宝、弓・桙…」とする筆法がある。ここも「草木は、椎・栗…」と解した、とある。『山川』も同様。

五・八　曽尼驛家

従此以北、曽尼村。古有佐伯、名曰曽祢毗古。取名著村。今置驛家。此謂曽尼。

＊底本「号弥」（武本「號彌」）の校訂について

『県史』に「佐伯名曰蹺祢毗古」とあるが、地名は「曽尼」で、佐伯名が「蹺祢」となった理由は何か。四本集成等では「号弥」と読める二文字を「蹺祢」としたのは中山本傍書・小宮山本傍書・伴本傍書・類従本・西野本とある。「弥」を「祢」と校訂したことは肯けるが、「号」はその字形からは「蹺」にならない。しかし、武田本には「號」とあるので、もともと「號」とあったので、「曽尼」の「ソ」音と「號」字形とから、「蹺」を当てたものか。「蹺」は「疏」で「うとむ、あらい」等の意、人名にはふさわしくない。初期の先賢が、佐伯の名ということで当てたものか。『岩波』は「蹺禰」、『小学』は「蹺祢」、『山川』は「曾禰」。

五・九　夜刀神

古老曰、石村玉穗宮大八洲所馭天皇之世、有人、箭栝氏麻多智。献自郡西谷之葦原墾闢新治田。此時、夜刀神、相群引率、悉盡到來、左右防障、勿令耕佃。〔俗云、謂蛇為夜刀神。其形蛇身頭角。率紀免難時、有見人者、破滅家門、子孫不継。凢此郡側郊原、甚多所住之。〕於是、麻多智、大起怒情、着被甲鎧之、自身執仗、打殺駈逐。乃至山口、標挽置堺堀、告夜刀神云、自此以上、聽為神地。自此以下、須作人田。自今以後、吾為神祝、永代敬祭。冀勿祟勿恨。設社初祭者。即還發耕田一十町余、麻多智子孫、相承致祭、至今不絶。其後、至難波長柄豊前大宮臨軒天皇之世、壬生連麿、初占其谷、令築池堤。時夜刀神、昇集池辺之椎槻、經時不去。於是、麿挙声大言、令修此池、要孟活民。何神誰祇、不従風化。即令役民云、目見雑物、魚虫之類、無所憚懼、隨尽打殺。言了應時、神蛇避隠。所謂其池、今号椎井也。池西椎株。清泉所出、取井名池。即向香嶋陸之驛道也。

＊底本「献自郡西谷之葦原墾闢新治田」の校訂と訓みについて

「献」、武田本・松下本は「獻」。『県史』は、類従本・西野本に従って「點」に改める。『岩波』は「截（きりはら）ひ」、『小学』・『山川』は底本通り。「點」・「截（きりはら）ひ」とすると、読点は「…葦原、墾闢…」となり、「献」だと「献…新治田、」となる。

＊底本「率（紀傍書）免難時」（武本「率紀免難時」）の校訂について

『県史』は後藤蔵四郎説に従って「引」に改める。『岩波』『山川』も同様。『小学』は「率免難時」とし、頭注に、「引」の誤写説が有力、私案として写本左行の「地」則ち「此」の誤字を誤入した衍字とみて削り、四字句を整える、と。吉野裕は、「率□免難」（□に率（したが）ひて難を免る）であり、□には「率」の目的語が入る。しかし「紀」では意味不明。「率引」では、正しい用字例「引率」が直前にあり「率引」とはしないだろう。この「紀」は「杞」（カワヤナギ、枸杞、アフチ）の誤りとし、その植物を身に添えていれば難を免れる、という意味に解した（『風土記世界と鉄王神話』「夜刀の神、補稿」）。「杞（川やなぎ）を身に帯びていると難を免れる」と口語訳する（『平凡』）。

＊底本等「標捝」の訓みについて

『県史』は「杭」とし、伴本傍書・西野本に従って改めた、と。『岩波』は「標の梲（しるしつゑ）」、『小学』は「標の梲（しめうだち）」、『山川』は「標の梲（しめつゑ）」。「標」biao 1　ヒョウ、しるし、しめ、そのさお・つえなど。「杭」hang 2　コウ、わたる、ふね。「くい」は国訓（日本だけで使用）。「梲」zhuo 2　セツ、うだち。tuo 1　タツ、つえ・おおきいつえ。「挩」tuo 1　タツ、とく、ぬぐ。「兊」ダ・タイ、は「兌」の俗字（『大漢語林』）。「挩」「捝」は同字。挩・梲は通用したか

＊底本等「要孟活民」の訓みについて

「孟」、『県史』は小宮山本傍書に従って、「為」と改め、狩谷本には「孟」とあり、同頭書に「孟恐益」とある。伴本所引一本には「専」とあり、西野本には「在」に改めてある、と。『岩波』は「在」とし「要（むね）は民（たみ）を活（い）かすにあり」と訓む。『小学』は「盟」として「要盟（ちかはしめ）て、民（たみ）を活（い）かさむとす」と訓み、麻多智が夜刀の神たちに「むりやり約束させて」の意とする。『山川』は底本通りで、「孟」は「ますます、つとむ」の意があり、困難を冒して努力する意ととり、「要（かなら）ず孟（つと）めて民を活かすにあり」と訓む。

＊底本「池面（西）椎株」の校訂と訓みについて

「椎井」のある谷は、玉造の泉地区の南側、天竜谷津に比定される。その最奥部の現「椎の井」から天竜池下あたりまでは南流し、南西に向きを変え、西流して霞ケ浦に入る。上流を天竜川、下流を萩根川と呼ぶ。泉地区の研究者故並木亨氏が調査した「池堤」（大字池袋）は、谷津が西に向きを変える位置にあたる。『県史』『小学』は「池西」、『山川』は「池の面（まえ）」、いずれも池の下流側、堤防周辺になる。『岩波』のみ「池

の回（めぐり）」とする。

五・十　男高里

郡南七里、男高里。古有佐伯小高。為其居処、因名。国宰當麻太夫時、所築池、今存路東。自池西山、猪猿大住、屮木多密。南有鯨岡。上古之時、海鯨匍匐、而来所臥。即有栗家池。為其栗大、以為池名。北有香取神子之社也。

＊底本・武本「屮」の校訂について

『県史』は中山本・狩谷本・類従本・西野本に従って「艸」に改める。「屮」テツ、くさのめ。ソウ、くさ。「艸」「草」に通用と（『漢辞海』）。

五・十一　麻生里

麻生里。古昔、麻生于潴水之涯。囲如大竹、長余一丈。周里有山。椎栗槻櫟生、猪猴栖住。其野出筋馬。飛鳥浄御原大宮臨軒天皇之世、同郡大生里、建部袁許呂命、得此野馬、献於朝廷。所謂行方之馬。或云茨城之里馬非也。

＊底本等「猪沐」の校訂と訓みについて

『県史』は、中山信名に従って「渚洲」に改める。『岩波』は「潴（さは）水」として、頭註に「潴水（ちょすい）はたまり水の意」

と記す。『小学』も同様。『山川』は、「猪」を「潴」の省画と見て、「猪水」とし「ぬま」と訓む。「潴」「瀦」は同字。「渚」は、なぎさ、中州。「潴水」の誤写か。

＊底本等「葝馬」の校訂と訓みについて

編述者の意図は、強健な馬・足の速い馬。軍馬として良馬を表現したもの。松岡静雄は「勒」とし「勒馬は騎乗用の馬の義であろう」と。栗田寛は「筋」とする。『県史』は、字形より「筋」の俗字「葝」の誤りとみて、「葝」とする。『岩波』は「勒馬（のりうま）」、『小学』は底本の「葝馬」とし「スジウマ」と訓む。『山川』は「筋馬」とする。

五・十二　香澄里

郡南二十里、香澄（かすみの）里。古傳曰、大足日子天皇、登坐下総國印波鳥見丘、留連遥望。顧東而勅侍臣曰、海即青波浩行、陸是丹霞空朦。國自其中、朕目所見者。時人、由是、謂之霞郷。東山有社。榎槻椿椎竹箭麦門冬、往々多。此里以西、海中北洲、謂新治洲。所以然稱者、立於洲上、北面遥望、新治國小筑波之岳所見。因名也。

＊騈儷体の景表現

留連遥望　顧東而勅侍臣曰
　海即青波浩行　陸是丹霞空朦
國自其中　朕目所見者

五・十三　板来村　一　麻績王

従此往南十里、板来村。近臨海濵、安置駅家。此謂板来之駅。其西、榎木成林。飛鳥浄見原天皇之世、遣麻績王之居処。其海、燒鹽藻海松白貝辛螺蛤多生。

五・十四　板来村　二　建借間命征討國栖

古老曰、斯貴滿垣宮大八洲所馭天皇之世、為平東垂之荒賊、遣建借間命。〔即此那賀國造初祖。〕引率軍士、行略凶猾。頓宿安婆之嶋、遥望海東之浦。時烟所見、交疑有人。建借間命、仰天誓曰、若有天人之烟者、来覆我上。若有荒賊之烟者、去靡海中。時烟射海而流之。爰自知有凶賊。即命従衆、褥食而渡。於是、有國栖、名曰夜尺斯夜筑斯二人。自為首帥、堀穴造堡、常所居住。覘伺官軍、伏衛拒抗。建借間命、縱兵駈追、賊盡逋還、閇堡固禁。俄而、建借間命、大起權議、校閲敢死之士、伏隱山阿、造備滅賊之器。厳餝海渚、連舟編桴、飛雲蓋、張虹旌。天之鳥琴、天之鳥笛、隨波逐湖、鳴杵唱曲、七日七夜、遊樂歌舞。于時、賊黨、聞盛音樂、挙房男女、悉盡出來、傾濵歡咲。建借間命、令騎士閇堡、自後襲撃、盡囚種属、一時焚滅。此時、痛殺所言、今謂伊多久之郷。臨斬所言、今謂布都奈之村。安殺所言、今謂安伐之里。吉殺所言、今謂吉前之邑。

＊底本等「耨食」の校訂と訓みについて

『県史』は、底本等には「耨食」とあるが、中山本傍書・小宮山本傍書・伴本傍書・西野本に従って「褥」に改めた、と。「褥（じょく）」はシトネ、寝るとき下に敷くもの。「褥食（じょくしょく）」は寝床で食事をとることで、朝食を早くとるの意。これを『岩波』が「褥食（あさけとく）して」と訓んだ。

＊底本「嶋杵唱曲」（武本・松本「島杵唱曲」）の校訂と訓みについて（橋本雅之説）

伴信友本頭書には「唱杵島曲ナルベシ」とある。西野本は「杵島唱曲」と改め、九州乙類風土記逸文に載る「杵島曲」（仙覚著『萬葉集註釈』所引）の類いであろうとした。以来、『岩波』・『講談』など諸本がこれを受け継ぐ。一方、狩谷本頭書には「嶋恐鳴」とあり、『新編常陸国誌』にも同様の説があり、この異説にもとづき、飯田瑞穂は「鳴杵唱曲」と改めた（『県史』）。橋本雅之は、この部分を以下のような三字句・四字句の対句と漢語による潤色であるとした。

飛雲蓋　張虹旌　天之鳥琴　天之鳥笛　随波逐潮　嶋杵唱曲

雲蓋・虹旌は純然たる漢語で、雲蓋は顔師古注『漢書』司馬相如伝にあり、五采の雲を模様とした美しい蓋のこと、虹旌は後漢の王逸編注『楚辞章句』（所載の王褒「九懐」）に載る、虹を描いた旌の意、あるいは虹のように彩り鮮やかな飾りのついた旌であろう。また、「随波逐潮」と「嶋杵唱曲」とは対句になっていて、「波に随い潮を逐ひ」「杵を鳴らし曲を唱ひ」とならなければならない、と記す（橋本雅之『古風土記の研究』）。一九九七年発行の『小学』が初めて「杵を鳴らし曲を唱ひ」と訓む現代語訳を出した。

＊建借間命「権議」の「七日七夜　遊樂歌舞」の意図について

①「見せ掛けの葬式」説、増田修は古代の楽器と葬送儀礼の研究に基づき、この計略は自分の死亡に「見せ掛けるための身分相応の葬式の実施ではないか」（『市民の古代　十三』）という説を出す。『小学』はこの説に従うと頭注に記す。これに対して、②歌舞音曲により神威を借り敵を欺く計略説、志田諄一は将軍

が任地で死亡した場合は、遺体は本土に運ぶという規定が軍防令にあり、たとえ計略であっても行方郡の地で葬儀をするはずがないとして、「葬式」説を退ける。そして『日本書紀』に、蝦夷征討において、吉備臣尾代（雄略紀）や上毛野形名の妻（舒明紀）が空弓を鳴らして敵を欺いた所作を挙げ、同様に歌舞音曲による凶族平定の所作であるとした（志田諄一『常陸国風土記』と説話の研究』）。また、橋本雅之は、「偽りの送葬」と見る説は「かなり蓋然性を持つ」が、「遊樂歌舞……傾濱歓咲」という一点で不適切、「送葬か否かの判断は保留」するという（橋本前掲書）。

＊底本等「襲繫」の校訂と訓みについて

『県史』は、中山本傍書・狩谷本頭書・小宮山本傍書・伴本傍書・類従本・西野本に従って、「襲撃」とする。『岩波』は「襲ひ撃ち」とし、『小学』は「襲撃ひ」と訓み、『山川』のみ底本通りで「襲ひ繫り」と訓む。「襲撃」は慣用されているが、「襲繫」の用字例は不明。

五・十五　板来村　三　南海洲

板来南海、有洲。所三四里許。春時、香島行方二郡男女尽来、拾蚌白貝雜味之貝物矣。

五・十六　當麻郷

自郡東北十五里、當麻之郷。古老曰、倭武天皇、巡行過于此郷、有佐伯、名曰鳥日子。縁其逆命、随便略殺。即幸屋形野之帳宮、車駕所經之道、狹地深浅。悪路之義、謂之當麻。〔俗云、多々支々斯。〕野之土埆。然生紫艸。有二神子之社。其周山野、櫟柞栗柴、往々成林、猪猴狼多住。

＊烏日子か烏日子か

志田諄一は、西野宣明が『訂正常陸国風土記』で「烏日子（とりひこ）」としてから、みなそれにならった。しかし、原本では、「烏日子（うひこ）」とあり、「烏」は中国の伝説上の太陽に住むという三足の踆烏（しゅんう）のことである。『風土記』編者は「ウヒコ」を、「比古、毗古」ではなく、「日」に住む「烏日子」としゃれたのであろう、と指摘する（『常陸国風土記と説話の研究』二二三頁）。ちなみに『淮南子』精神訓には「日中有踆烏（しゅんう）而月中有蟾蜍（せんじょ）」とあり、踆烏（しゅんう）は三本足の烏（からす）、蟾蜍（せんじょ）はひきがえるのこと。また『文選』呉都賦には「籠烏兎於日月」（太陽と月とに烏と兎をとじこめて飼う、の意）と載る。

＊底本等「随便略敬…」の校訂と訓みについて

『県史』は、中山本傍書・狩谷本頭書・小宮山本傍書・伴本傍書・類従本・西野本に従って「𢿢」と改める。「𢿢」は「煞」で、「𣪘」「𢻱」等の異体で、「殺」と同字である。諸本「殺」。

＊底本等「野之土悀然生紫艸取二神子之社」の校訂と訓みについて

文脈は「野の土はやせているが、紫草が生え…二柱の神子の社…」。『県史』は中山本傍書・狩谷本頭書・小宮山本傍書・伴本傍書・類従本・西野本に従って「悀」は「埆」に改め、松下本傍書に従って「取」を「有」に改め、「…埆、然生紫艸、有二神子之社」とする。三本、「埆ス（や）」と訓む。以下「取」の校訂について、西野本「有香島香取二神子之社」。類従本「香島香取二神子之社」。『岩波』、字形の近似により「在」の誤りとし「在二神子之社」。『小学』「有香島香取二神子之社」。『山川』のみ底本通りで、「然れども、紫艸生ふれば取る。二つの神子の社…」と訓む。

従此以南、藝都里。古有國栖、名曰寸津毗古寸津毗賣二人。其寸津毗古、當天皇之幸、違命背化、甚无肅敬。爰抽御劔、登時斬滅。於是、寸津毗賣、懼悚心愁、表挙白幡、迎道奉拜。天皇、矜降恩旨、放免其房。更廻乗輿、幸小抜野之頓宮、寸津毗賣、引率姉妹、信竭心力、不避風雨、朝夕供奉。天皇、欵其慇懃惠慈、所以、此野謂宇流波斯之小野。

＊底本等「天皇疑其慇懃惠慈」の校訂と訓みについて

『県史』は、底本等には「疑」とあるが、狩谷本頭書・小宮山本傍書・西野本に従って、「欵」に改めた、とある。『岩波』『山川』は「欵（おむか）しみ」と訓み、『小学』は「欵（め）で」と訓み「板本の訂『欵』（款の俗字）に従う」と頭注に記す。「おむがし、欣感」は、「喜ばしい。うれしい」の意（『時代別国語大辞典』）。「惠慈」、三本とも「うるはシム」と訓み、地名説話とする。

五・十八　田里

其名田里。息長足日賣皇后之時、人此地。名曰古都比古。三度遣於韓國。重其功労賜田。因名。又有波耶武之野。倭武天皇、停宿此野、修理弓弭。因名也。野北海邉、在香島神子之社。土埆、櫟柞楡竹、一二所生。

＊底本等「人此地」の校訂と訓みについて

底本通りで『岩波』「このところにひとあり」と、『山川』「ひとここにありき」と訓む。『小学』は「此地人」として「このところのひと」と訓む。『県史』は「此地人」とし、狩谷本頭書には「信名曰人此地當作此地人」とある、と。

＊底本等「波耶武之野」の校訂について

『小学』は頭注で、波耶武では地名伝承にならない。板本（西野本）が「波都武」と訂したが「弓弭」はハズで、ハヅではない。あるいは「波聚武」か、と。『岩波』は「波須武」とし、脚注に、「須」または「取」の誤りとすべき、と。『山川』は「波取武」とする。『県史』は底本通り。『角川』は「波聚」とする。

＊底本等「櫟杵椧叫」の校訂について

「叫」、『県史』は『岩波』に従って「竹」に改める。『山川』・『角川』も同様。『小学』は「斗」として、頭注に「不明。別・斗・竹などの説がある」と記す。

五・十九　相鹿大生里

従此以南、相鹿大生里。古老曰、倭武天皇、坐相鹿丘前宮。此時、膳炊屋舎、構立浦濵、編艀作橋、通御在所。取大炊之義、名大生之村。又倭武天皇之后、大橘比賣命、自倭降来、参遇此地。故謂安布賀之邑。（行方郡分不略之）

＊底本等「編艀作橋」の訓みについて

『県史』に、『郡郷考』には「恐艀誤」という、と。『岩波』は底本等通りでハシブネと訓む。『小学』は、「艀」に改め、頭注に「艀」は舟行の意で、このままでヲブネと訓むのは無理、と。『山川』も「艀」に改める。

六　香島郡

六・一　郡域

香島郡。〔東大海、南下総常陸堺安是湖、西流海、北那賀香島堺阿多可奈湖。〕

＊主な異体字等

鐵＝鉄　坐＝坐　刁＝寅　獻＝献　迊＝匝・帀　搆＝構　𦝫＝腰　艸＝草　實＝実　婇＝采（女）　鈒＝剱・劔　舩＝船　攜＝携　巖＝巌　聽＝聴

六・二　神郡建郡

古老曰、難波長柄豊前大朝馭宇天皇之世、己酉年、大乙上中臣□子、大乙下中臣部兎子等、請物領高向大夫、割下総國海上國造部内輕野以南一里、那賀國造部内寒田以北五里、別置神郡。其処所有天之大神社、坂戸社、沼尾社、合三処、惣稱香島天之大神。因名郡焉。〔風俗説云、霰零香島之國。〕

＊底本等「中臣子」の校訂について

『県史』には狩谷本頭書には「恐脱文」、小宮山本傍書には「落字有カ」、伴本傍書には「鎌脱欤」とあり、西野本には「鎌」を補ってある、と。一字分□を置く。

六・三　香島大神降臨

清濁得糺、天地草昧已前、諸神天神、〔俗云、賀味留弥賀味留岐。〕會集八百万神於天之原時、諸祖神告云、今我御孫命、光宅豊葦原水穂之國。自高天原、降来大神、名稱香島天之大神。天則号日香島之宮、地則名豊香嶋之宮。〔俗云、豊葦原水穂國、所依將奉**止**詔**留尓**、荒振神ホ、又石根木立、草**乃**片葉辞語之。昼者狹蝿音声、夜者火光明國。此**乎**事向平定大御神**止**、天降供奉。〕

＊太字、宣命大書体の音仮名

＊宣命体について

宣命体は、古風土記では、豊後・肥前以外に、極わずか用いられる。常陸は、上記に見られるように香島郡に、漢籍の開闢論を踏まえた漢語表現に始まり、その割注部分の「俗云」「俗曰」の中で用いられるものである。本文とは異なる表記意識によるとみられる。文体としては宣命書きであるが、鹿島神社との関連を重視すれば祝詞の一部として伝承されていたものではないかと考えられる。（瀬間正之前掲書）

宣命体は、宣命書きを用いた文体。宣命・祝詞に用いられた文章表記の形式。体言・用言・副詞など自立語を大きく、助詞・助動詞・用言の語尾などを一字一音式の万葉仮名で右に寄せ、または二行に割って小さく記したもの。宣命大書体は、助詞・助動詞・用言の語尾などの万葉仮名を、自立語と同じ大きさの音仮名で表記したもの。（『国語大辞典』）

＊底本等「天則号曰香島之宮」の校訂について

「曰」、『岩波』は「日」として、頭注に、香島に冠する称辞。次の豊香嶋の豊に対する語とすべき、と。『小学』『山川』なども同様。『県史』は底本通り。

＊底本等「此手事向手定大神御上天降供奉」の校訂と訓みについて

『県史』は「此乎事向平定大神、従上天降供奉」と校訂。『岩波』『小学』はいずれも「此乎事向平定大御神止、天降供奉」と校訂し、『岩波』は「平定(やは)さむ大御神と、天降り供(つか)へまつりき」と訓み、『小学』は「平定す大御神とのりたまへば、天降(あまくだ)り供(つか)へ奉(まつ)りたまひき」と訓む。『山川』は底本通りで、「…平定、大神御上天、降供奉」として、「…平定(たひら)げむとして、大神、上天(あめ)に御(おは)しまししに、降り供(つか)へ奉(まつ)りき」と訓む。

六・四　美麻貴天皇之御幣

其後、至初國所知美麻貴天皇之世、奉幣、大刀十口、鉾二枚、鐵弓二張、鐵箭二具、許呂四口、枚鐵一連、練鐵一連、馬一疋、鞍一具、八咫鏡二面、五色絁一連。〔俗曰、美麻貴天皇之世、大坂山**乃**頂**尓**、白細**乃**大御服坐而、白桙御杖取坐、識賜命者、我前**乎**治奉者、汝聞看食國**乎**、大國小國、事依給**等**識賜**岐**。于時、追集八十之伴緒、挙此事而訪問。於是、大中臣神聞勝命、答曰、大八嶋國、汝所知食國**止**、事向賜之、香島國坐、天津大御神**乃**挙教事者。天皇聞諸、即恐驚、

奉納前件幣帛於神宮也。〕

＊太字、宣命大書体の音仮名。

＊「許呂・枚鐵・練鐵」、古墳時代の鉄器について

鉄の素材は「鉄鋌」と呼ばれ、両端が撥状に広がった板状鉄片をいう。長さ三十〜四十センチほどの大きい物と、十六センチほどの小さい物がある。枚鉄（ひらがね）、練鉄（ねりがね）とも言われる。練鉄は鍛えられた上質の鉄で、鍛鉄と呼ばれる。枚鉄は炉から出されたままの銑鉄か。「許呂」は、棒状半製品で、棒状鉄器とも呼ばれた。「一連」は、十枚か二十枚が一束になっているもの。いずれも、伽耶や百済から将来したもので、五世紀の古墳から大量に出土する。半製品として流通したが、後に、祭祀用の儀器とされ、形質が簡素化された。

＊底本等「大御服生而」の校訂と訓みについて

『県史』、中山本傍書・狩谷本頭書・小宮山本傍書・類従本・西野本に従って、「生」を「坐」に改めた。『岩波』は、脚注に、次句「御杖取坐」に準じて「々」を補い「大御服々坐而」として「おほみぞきまして」と訓む。『小学』も同様。『山川』はそのままで「大御服坐（おほみそきま）して」と訓む。

＊底本等「汝聞勝看食國乎」の校訂と訓みについて

「聞勝」、『県史』に、狩谷本頭書には「聞勝二字恐衍」とあり、伴本頭書には「勝字衍ニテ聞看食國ナラム歟」とある、と。三本などいずれも「聞看食國」として、「汝（いまし）が聞（き）こし看（め）さむ食国（をすくに）」（『岩波』）と訓む。

六・五　神戸

神戸六十五烟。〔本八戸。難波天皇之世、加奉五十戸、飛鳥浄見原大朝、加奉九戸、合六十七戸。

庚寅年、編戸減二戸、令定六十五戸。〕

＊庚寅年の編戸について

持統四年六九〇、に編成された戸籍。飛鳥浄御原令によるもの。以後六年ごとに戸籍が作成される。大宝令以後も基本的には同様。戸の編成は諸説あり、不詳。一里の中で五十人の戸主を定め、壮丁数などを勘案して、房戸を配置し、郷戸を定め、一里五十郷戸に編成したようである。ここで「減二戸」とあるのは、六七戸あった郷戸を、六五戸に編成し直したものか。

六・六　造宮

淡海大津朝、初遣使人、造神之宮。自爾已来、脩理不絶。

六・七　御舟祭

年別七月、造舟而奉納津宮。古老曰、倭武天皇之世、天之大神、宣中臣巨狭山命、今社御舟者。巨狭山命答曰、謹承大命。無敢所辞。天之大神、昧爽復宣。汝舟者、置於海中。舟主仍見、在岡上。又宣、汝舟者、置於岡上也。舟主因求、更在海中。如此之事、已非二三。爰則懼惶、新令造舟三隻、各長二丈余、初献之。

＊底本等「今社御舟者」の校訂と訓みについて

「今社」、『県史』は「令仕」として、狩谷本頭書に「恐令仕或令作」とあり、『岩波』は「今仕」に改めてある、と。「今、御舟を仕えまつれ」と訓む。『小学』『山川』『角川』など底本通りで、「今、社の御舟」と訓む。文脈からは「令仕」か。

＊底本「味爽後（復）宣」の校訂について

『県史』には、底本及び武田本には「後」とあり、松下本には「後」とある。西野本に従って字体を改め「復」とする、と。三本とも「後」。「後」だと「夜明けてから」、「復」だと「夜明けに再び」の意。

六・八　四月十日祭

又年別四月十日、設祭灌酒。卜氏種属、男女集會、積日累夜、樂飲哥舞。其唱云、〔安良佐賀乃　賀味能弥佐氣畢　多義止　伊比祁婆賀母輿　和我恵比尓祁牟。〕

＊歌一首

あらさかの　神の御酒を　飲げ飲げと　言ひけばかもよ　我が酔いにけむ

＊底本等「多義」の校訂について

『県史』に、栗田寛説は櫻東雄の説によって「多義多義」としてある（『標注古風土記』一二五頁）、と。「多義多義」にすると三一文字になる。『小学』は、「多々義々止」とする。『岩波』『山川』は底本等どおり。「多義」は、動詞下二段活用、喫ぐ、食べる。飲食ともにいう（『時代別』）。

六・九　神社周迊

神社周迊、卜氏居所。地體高敞、東西臨海、峯谷犬牙、邑里交錯。山木野草、自屏内庭之蕃蘺、澗流崖泉、□涌朝夕之汲流。嶺頭搆舎、松竹衞於垣外、谿腰堀井、薜蘿蔭於壁上。春經其村者、百艸□花、秋過其路者、千樹錦葉。可謂神仙幽居之境、□異化誕之地。佳麗之豊、不可悉之。

＊駢儷体の地景情景表現

地體高敞　東西臨海　峯谷犬牙　邑里交錯
　山木野草　自屏内庭之蕃蘺
　澗流崖泉　　涌朝夕之汲流
　嶺頭搆舎　松竹衞於垣外
　谿腰堀井　薜蘿蔭於壁上
　春經其村者　百艸□花
　秋過其路者　千樹錦葉
可謂
　神仙幽居之境　□異化誕之地
佳麗之豊　不可悉之

＊□　底本等「朽損」二文字あり、艶、綺など

＊□　底本等「々」あり、霊など

＊底本等「自屏内庭之蕃蘺」「涌朝夕之汲流」の校訂と訓みについて

『県史』は、「涌…」の上、伴本傍書には「一字脱アルヘシ」とあり、類従本・西野本には空白一格を置いてある、と。『小学』は、「屏…」と「涌…」を対句として、四字六字の連綴の文中ゆえ「自」は衍字とみて削る、と。「蕃」はマガキ、「屏」はカクシ、隠す、と。

＊底本・武本「不可悉ｉ」の校訂について

『県史』は松下本に従って「之」。『岩波』『小学』は「記」として、各「悉（つまびら）かに記（しる）すべからず」「悉（ふつ）くには記（しる）すべからず」と訓む。『山川』は『県史』同様「不可悉之」として「悉（つく）すべからず」と訓む。

六・十　沼尾池

其社南、郡家。北沼尾池。古老曰、神世自天流來水沼。所生蓮根、味氣太異、甘絶他所之。有病者、食此沼蓮、早差験之。鮒鯉多住。前郡所置、多蒔橘。其實味之。

＊底本等「味氣」の校訂と訓みについて

『小学』は「気味」として、「かをれるあぢはひ」と訓む。頭注に、『皇極紀』三年三月「煮而食之、太有気味」の古訓「かうはしきあぢはひ」と。『岩波』『山川』は底本通りで、「あぢはひ」と訓む。

六・十一　高松濵・若松濵・若松浦・安是湖

郡東二三里、高松濵。大海之流差砂貝、積成高丘。松林自生、椎柴交雜、既如山野。東西松下出泉。可八九歩、清渟太好。慶雲元年、國司婇女朝臣、率鍛佐備大麿等、採若松濵之鐵、以造釼之。自此以南、至輕野里若松濵之間、可卅餘里、此皆松山。伏苓伏神、毎年堀之。其若松浦、即常陸下総二國之堺。安是湖之所有沙鐵、造釼大利。然為香島之神山、不得輙入伐松穿鐵之。

＊底本等「伏苓神」の校訂と訓みについて

『県史』は、松下本傍書及び西野本に従って「伏苓伏神」とする。『岩波』は、「茯苓（まつほど）・伏神（ねあるまつほど）」として、頭注に、松の下に生ずる塊状の薬草、と。延喜（典薬寮）式に常陸国から貢上する年料雑薬中に見える、と説明。茯苓を根のあるもの、伏神を根のないものとする。『小学』も同様。『山川』は底本等通りで、注に、茯苓と伏神を合わせた表記、と。

＊本文「慶雲元年…以造釼之」について

記述の在り方としては極めて不自然である。一連の記事は文脈の流れからいうと、高松浜の記述末尾『可八九歩、清渟太好』、は直接的には軽野里若松浜記事冒頭の『自此以南、至軽野里若松濱之間』に続く内容であり、慶雲元年の造剣記事は謂わば挿入的な内容である。なぜ、この記事が載せられているかについては、不明。挿入的な内容であることは疑いなく、前後の記事を補足する内容であろうと思われる（橋本雅之『古風土記の研究』）。

六・十二　濵里・之万里・輕野里

郡南廿里、濵里。以東松山之中、一大沼。謂寒田。可四五里、鯉鮒住之。之万輕野二里、所有田少潤之。輕野（かるの）以東、大海濵辺、流着大舩。長一十五丈、闊一丈余。朽摧埋砂、今猶遺之。〔謂、淡海之世、擬遣覔國、令陸奥國石城舩造、作□□。至于此着岸、即破之。〕

＊底本等「鯉鮒住之万輕野二里」の校訂と訓みについて

『県史』には、「万輕野二里」について、狩谷本所引イ本・小宮山本所引イ本・伴本所引イ本・西野本には「沼水流漑輕野田二里許」に、『郡郷考』には「沼水流漑之」に改めてある。類従本には「住之」の「之」を下につづけて地名「之万」としてある、と記す。『県史』は底本等通りで「鯉鮒住之、万輕野二里」とする。三本は、いずれも「、之万輕野二里」として、之万と輕野との二里の意を明示する。更に『岩波』『小学』は「之」をもう一文字入れて「鯉鮒住之、之万輕野二里」とし、文を整える。『山川』は底本通りで「鯉鮒住、之万輕野二里」とする。

＊底本「扝權」（武本「朽權」）の校訂について

『県史』は「朽摧」と改める。「杇」は「朽」と同字。「扝」も「朽」と通用か。「權」は「摧」の誤。

＊「□□」、底本等には小字で「扝損」とある。もとの本の破損であろう。「大舩」を補うか。

六・十三　童子女松原

以南、童子女松原。古有年少僮子。〔俗云、加味乃乎止古、加味乃乎止賣。〕男称那賀寒田之郎子、女号海上安是之嬢子。並形容端正、光華郷里。相聞名声、同存望念、自愛心滅。經月累日、嬥歌之會、〔俗云、宇大我岐。又云、加我毗也。〕邂逅相遇。于時、郎子歌曰、〔伊夜是留乃　阿是乃古麻都尓　由布悉弖々　和乎布利弥由母　阿是古志麻波母。〕嬢子報歌曰、〔宇志乎尓波　多々牟追伊閇追　奈西乃古何　夜蘇志麻加久理　和乎弥佐婆志理之。〕便欲相語、恐人知之、避自遊場、蔭松下、攜手促膝、陳懷吐憤。既釋故戀之積疹、還起新歡之頻咲。于時、玉露杪候、金風々節。皎々桂月照處、唳鶴之西洲。颯々松颸吟□、度雁□東岾。処寂寞兮巖泉旧、夜蕭條兮烟霜新。

近山自覧黄葉散林之色、遥海唯聴蒼波激磧之声。茲霄于茲、樂莫之樂。偏沈語之甘味、頓忘夜之将開。俄而雞鳴狗吠、天暁日明。爰僮子等、不知所為、遂愧人見、化成松樹。郎子謂奈美松、孃子稱古津松。自古著名、至今不改。

＊歌二首

いやぜるの　阿是の小松に　木綿垂でて　吾を振り見ゆも　阿是小島はも
潮には　立たむと言へど　汝夫の子が　八十島隠り　吾を見さ走り

＊底本「宇志□」（武本「宇志乎」）の校訂について

『県史』は「乎」として、底本には「于」とあり、武田本・松下本には「乎」とある。郡郷考には「保」とある。西野本標注には「彰考館本作⿱口丅」とあるが信じがたい。吉田東伍説には「呆」（二六四二頁）とある、と。『山川』は注に、「宇志保」の「保」は、底本では「保」の略体「⿱口丅」、とある。『時代別国語大辞典』には「うしほ、潮・塩」に、「宇志乎には…」のウシヲは語中語尾のホとヲとの表記の混乱によるものか。あるいは…古くからあったものか、他には上代の確例がなく決められない。ただし彰考館本には「⿱口丅」となっており、「乎」はその誤った形かもしれない。「⿱口丅」は「保」の省画でホの仮名であるから問題にならない、と。

＊駢儷体の地景情景表現

便欲相語　恐人知之　避自遊場、蔭松下
　携手促膝　陳懐吐憤
　既釋故戀之積疹　還起新歡之頻咲
于時

＊促　底本等「低」

玉露杪候　金風々節　　＊々　之・風・令・涼など
皎々桂月照處　唳鶴之西洲
颯々松颸吟□　度雁□東岵　　＊□　處など、＊□　之など
処寂寞兮巖泉旧　夜蕭條兮烟霜新　　＊処　夕・昼・山・𣦼＝夙の旧字（瀬間説）等
近山自覧黄葉散林之色　遥海唯聴蒼波激磧之声
茲霄于茲　樂莫之樂
偏沈語之甘味　頓忘夜之将開
俄而雞鳴狗吠　天暁日明
爰僮子等　不知所為　遂愧人見　化成松樹
郎子謂奈美松　嬢子稱古津松。自古著名　至今不改

＊底本等「童子女松原」「年少童子」「僮子等」の校訂と訓みについて

『岩波』は、「年少童子」の「童」を「僮」と校訂し、すべて「うなゐ」と訓む。秋本吉郎はこの「僮子」について、僮子はウナヰ髪（肩の辺りに垂れたままにしたオカッパ頭）をした「神の男」「神の女」で、年齢にかかわらず、巫祝の男女を意味し、「ウナヰ」と呼ばれたと推論する。「年少」は若い巫祝男女を指し、伝承の恋愛主人公を意味する必要辞であった。底本等初出は「童子」となっているが、釈日本紀所引の文には「僮子」とあり、下文にみえる今一個所も「僮子」となっている。「僮」が正字であろう、と記す（『風土記の研究』）。『小学』は底本等どおりで、すべて「わらは」と訓む。『山川』は「童子女（うなゐ）松原」「年少童子（わらは）」「僮子（わらは）等」と訓み分け、注に「年少童子」の「童」は『釈日本紀』には「僮」とあり、それが古態をとどめるものと思われる。ここは「僮」の省文、とある。

＊底本「攜手低膝」の校訂と訓みについて

「低」、『県史』は底本通りで、狩谷本頭書には「低恐促」とあり、伴本所引イ本・西野本には「促」とある、と。『岩波』は「役ね」に改め、注に、役は役に同じ。列（ツラナル）の意、とある。『小学』『山川』は「促」として、「ちかづケ」と訓む。久慈郡にも底本等「役膝携手」の表現あり。

＊底本等「処寂寞兮巖泉旧」の「処」の校訂について（瀬間説）

武田本「䖏」・松下本「處」の出現個所を見ると、各郡提出の資料が最終的に潤色を施されたところ、つまり総記と歌謡記載を契機として創作された景表現の個所である。武田本「䖏」と松下本「處」の出現個所は一致する。総記「墾発之處」、筑波「巡行諸神之處」、行方「爲其居處」、香島「皓々桂月照處」、の四ケ所。いずれも和習のない漢文である。ただ、行方「爲其居處」のみ曖昧さを残す。これに対して、「処」の用字は、行方「麻績王之居処」、香島「其処有天之大神社…三処」、久慈「今所坐此処…宜避移可鎮…」の四ケ所。いずれも、文中に訓読的思惟による和習誤用が見られ、最終的述作者の手が入らなかったところ。「童子女松原」の個所は最終編述者の景表現に漢籍教養が最も発揮されている個所であり、「ところ」を表記するなら「䖏」または「處」であって、「処」ではなかったと考えられる。また、「処」と「夙ノ旧字、夙」は字体も近似している。誤写の可能性が大である。以上、この「処」は文脈から、「処」ではなく「夙（あしたに、つとに）」の誤用と見る（瀬間前掲書）。

六・十四　白鳥里

郡北三十里、白鳥里。古老曰、伊久米天皇之世、有白鳥。自天飛来、化為僮女、夕上朝下。摘石造池、為其築堤、徒積日月、築之壊、不得作成。僮女等、〔志漏止利乃　芳我都々弥乎　都々牟止母　安良布麻目右疑　波古叡。〕斯口々唱升天、不復降来。由此其所号白鳥郷。（以下略之）

＊歌一首

白鳥の　羽が堤を　つつむとも　在らふ間も憂き　羽壊え

＊底本「築〜壊」の校訂について、

「〜」、一文字余りのゆるい「く」の字状棒線。『岩波』『小学』は「築之壊之」とし、訓は『岩波』「築きては壊ゑて」、『小学』「築きつ壊ゑつ」。『山川』は「築之壊」とし訓は「築きては壊ゑ」。

＊底本等「斯呂唱升天」の校訂について

『県史』は底本通りで、狩谷本頭書には「呂字不可読、恐缺文二方圍」とあり、西野本標註には「與清云呂字下恐脱鳥字蓋白鳥之誤乎」とある、と。三本・『角川』とも「斯く口口に」と訓む。しかし、「□□」を欠二字とした狩谷説、「呂」の下に「鳥」字の脱字を想定した西野本説も要検討か。

六・十五　角折濵

以南所有平原、謂角折濵。謂、古有大蛇。欲通東海、堀濵作穴。蛇角折落。因名。或曰、倭武天皇、停宿此濵。奉羞御膳、時都無水。即執鹿角、掘地。為其折、所以名之。（以下畧之）

＊「謂、」以下、底本等には小書して分注にしてある。『県史』は、文の内容より、西野本に従って形を改めた、と。『岩波』『小学』も同様。

＊底本「即执鹿角地〜」（「〜」は「く」の字状棒線、武本・松本「ゝ」）の校訂と訓みについて

『県史』は、「执」は武田本・松下本に従って「執」とし、「地々」は小宮山本傍書・伴本傍書・類従本・

西野本に従って「堀地」と改める。『岩波』は「堀地之」とし「地（つち）を堀るに」と訓み、『小学』は「掘地之」とし「地（つち）を掘りしに」と訓む。『山川』は底本通りで「地地」とし「地（つち）を地（かへ）すに」と訓む。

七　那賀郡

七・一　郡域

那賀郡。〔東大海、南香島茨城郡、西新治郡下野國堺大山、北久慈郡。〕

＊主な異体字等

寂＝取・最　晝＝昼

七・二　大串

（寂前畧之）平津駅家西一二里、有岡。名曰大櫛。上古有人。体極長大、身居丘壟之上、手蜃。其所食貝、積聚成岡。時人、不朽之義、今謂大櫛之岡。其践跡、長卌余歩、廣廿余歩。尿穴徑、可廿余歩許。（以下畧之）

＊底本等「長卌余歩」以下の小書割注について

『県史』は、塵袋所引本及び狩谷本頭書・小宮山本傍書・伴本傍書・西野本に従って、本文とする。『岩波』も同様。『小学』『山川』底本等通り。

＊底本等「手蜃」の校訂と訓みについて

塵袋所引本に従い『県史』『岩波』『小学』は「手摎海濵之蜃」とする。『山川』は底本等どおりで「蜃(うむぎ)を手(と)る」と訓む。

＊底本・武本「不扝之義」（松本「不朽」）の校訂・訓みと「おほくし」の起源譚

『県史』は、「取大朽之義」とする。『岩波』は「取大挎之義」とし「大挎」を「おほくじり」と訓む。『小学』は「取大朽之義」とし、「おほくち」と訓む。それぞれ語音語意を「おほくし」と「貝塚」との関わりを示す。『山川』は底本どおりで「不朽」として「くちぬ」と訓む。字体と文意を考えると、「朽(く)ちる」、「摎(くじ)る」などが編述者の意図するところか。「朽」は「朽」と同字。「扝」も「朽」と通用か。「朽」xiu3　キュウ、くちる。『小学』は頭注で、底本「不朽」について、文脈の意味不明。しいて言えば、巨人の大摎(おおくじり)、貝塚の大朽(おおくち)、地名の大櫛(おおくし)を結びつけたものとでも説明するよりない、と。『山川』は補注で、クシ（櫛）と類音のクチ（朽ち）によって地名起源を説明したもの、と。

七・三　輔時臥山

茨城里。自此以北、高丘。名曰輔時臥之山。古老曰、有兄妹二人。兄名努賀毗古、妹名努賀毗咩。時妹在室、有人、不知姓名、常就求婚、夜来晝去。遂成夫婦、一夕懐妊。至可産月、終生小蛇。明若無言、闇与母語。於是、母伯驚奇、心挾神子。即盛浄坏、設壇安置。一夜之間、已滿坏中。更易瓫而置之、亦滿瓫内。如此三四、不敢用器。母告子云、量汝器宇、自知神子。我然属之勢、不可養長。宜従父所在。不合有此者。時子哀泣、拭面答云、謹承母命。無敢所辞。然一身獨去、無人去右。望請矜副一小子。母云、我家所有、母与伯父。是亦汝明所知。當無人相可従。爰子含恨、而事不吐之。臨決別時、不勝怒怨、震殺伯父、而昇天。時母驚動、取盆投觸、子不得昇。因留此峯。所盛瓮甕、今存片岡之村。其子孫、立社致祭、相續不絶。（以下畧之）

＊底本等「輔」の校訂と編述者の意図について

三本いずれも「晡（ほ）」。この伝承を、夕方まで寝ていて夜に活動する神の話とし、「クレフシの山」を「暮れまで寝る山」の意とする。朝房山（あさぼうやま）に比定する。「輔時臥（ふじふし）」は山の名称。音訓混用の当て字である。「晡時臥」は「くれふし」で、夕暮れ時まで寝ているの意。輔（ふ）と晡（ほ）、音といい字形といい、相似している。しかし、「輔」も「晡」も、往時の貴族官人が誤用する文字ではない。この一文は、「ふじふしの山」裾に住む努賀一族の守る神、雷神とその子が、昼は寝ていて、「夕ぐれ」になると活動し始める、という伝承を述べた作文である。山名の「フジフシ」を「輔時臥」と表記し、「晡時臥（くれふし）、暮れ時まで寝て」を連想させた言葉遊びとしゃれたものであろう。ここは「晡時臥」ではなく、底本等どおり「輔時臥」として訓みたい。

「輔」、fu3　フ、ホ（慣用）、たすける、補佐するの意。万葉仮名で、「ふ」。

「晡」、bu1　ホ。夕方、日暮れ。「晡時」は、申の刻、午後四時の前後二時間。

＊底本等「謹承母」の校訂について

『県史』は中山本傍書・狩谷本・小宮山本・西野本に従って「命」を補う。『岩波』『小学』も補う。『山川』は底本等通り。

＊底本等「無人去石」の校訂と訓みについて

『県史』は「無人共去」とし、類従本西野本に従って改めた、と。『岩波』も「無人共去」。『小学』は「無人共右」、『山川』は「無人去之」と。各、大意は変わらない。底本等の字形を考えて「無人去右」として、「ひとのゆきてたすくるなし」と試読する。

七・四　河内驛家

自郡東北、渡粟河而置驛家。〔本近粟河、謂河内駅家。今随本名之。〕

＊底本等「疾粟河而」の校訂について

新旧の駅家の位置に関わる歴史的事実の記録。「疾」の校訂例、挟・渡・臨など。『県史』は、小宮山本傍書・類従本・西野本に従って「挾」。『岩波』は、「挾」とし、頭注に「駅家が川の両岸にわたっていたのをいう」と。『山川』も「挟」。『小学』は、『全書』説に従い「渡」とし、頭注に、「挾」もよいが、字形が似ていない、と。「渡」とする。河内駅家については『入門ノート』参照。

七・五　曝井

當其以南、泉出坂中。多流尤清。謂之曝井。縁泉所居、村落婦女、夏月會集、浣布曝乾。（以下畧之）

八　久慈郡

八・一　郡域

久慈郡。〔東大海、南西那珂郡、北多珂郡陸奥國堺岳。〕

＊主な異体字

捡＝検　盖＝蓋　畫＝画　凉＝涼　擕＝携　坐＝坐　賣＝売　灾＝災　迩＝邇　九＝凡

八・二　郡名起源

古老曰、自郡以南、近有小丘。体似鯨鯢。倭武天皇、因名久慈。（以下略之）

八・三　輕直里麿之池

至淡海大津大朝光宅天皇之世、遣捡藤原内大臣之封戸、輕直里麿、造堤成池。其池以北、謂谷會山。所有岸壁、形如磐石、色黄穿腕。獼猴集来、常宿喫噉。

＊底本等「腕」の校訂と訓みについて

『県史』は、小島憲之説（『風土記の述作』）に従って「畹」と改める。狩谷本頭書は「脆」、『郡郷考』は「肌」、後藤藏四郎は「防（かき）」の誤りか、とあると。『岩波』は「埦」とする。『小学』は「院」として、頭注に、諸本後藤注に従い「院」と訂する。厚い壁を半分の厚さまで削り落とし、その横穴の空間に棲む意、とある。『山川』は底本通りで「腕」として、注に、アナの意で用いたか、と。「畹」、wan3　エン、田の面積の単位、古訓うね。「埦」、wan1　ワン、あな。

八・四　河内里月鏡石

自郡西北六里、河内里。本名古々之邑。〔俗説、謂猿聲為古々。〕東山石鏡。昔在魑魅。萃集翫見鏡、則自去。〔俗云、疾鬼面鏡自滅。〕所有土、色如青紺、用畫麗之。〔俗云、阿乎尓。或云、加支川尓。〕時隨朝命、取而進納。所謂久慈河之濫觴、出自猿声。（以下畧之）

＊底本等「自郡西北六里河内里」の校訂について

『岩波』は、「六里」を二十里と改め、頭注に「和名抄の郷名に河内とある。金砂郷村宮河内（浅川の流域）を遺称としているが、里の領域はその西方の久慈川流域の地とすべきであろう。大里から下宮河内まで約十キロ余り。古の里程で概数二十里」と記す。月鏡石のある照山の稜線は、浅川流域下宮河内の西側になる。月鏡石を東に見る集落は久慈川流域山方になるか。

八・五　静織里

郡西□里、静織里。上古之時、織綾之機、未在知人。于時、此村初織。因名。北有小水。丹石交雑、色似⿰王扁碧。火鑽尤好。以号玉川。

＊底本等「未此知人」の校訂と訓みについて

『県史』は、類従本・西野本に従って、「未在知人」と改める。『岩波』『小学』も同様。『山川』は、底本通りで、「此れ知る人あらずありき」と訓む。

＊底本等「丹石交猶色似…」の校訂と訓みについて

四字句として、「猶」字を校訂し、『県史』は「丹石交雑、色似…」とし、『岩波』『小学』は「丹石交錯、色似…」とする。『山川』は底本通りで「丹石交、猶色似…」とし、「あかきいしまじれり。なほいろは…」と訓む。

＊底本「⿰王扁」（傍書墉・武本「⿰王扁」）の校訂について

『県史』は中山本傍書・狩谷本所引イ本・小宮山本傍書・伴本所引イ本・西野本に従って「⿰王扁」に改める。『岩波』も「⿰王扁碧」として「へむぺき」と訓み、頭注に、青い条入り瑪瑙か、玉川では瑪瑙石・燧石を出す、と記す。『小学』『山川』はいずれも「琥碧（くはく）」とする。『小学』は頭注に、上代人の色彩感覚は黄色と赤色とが重なるところがあり、丹石といっても下の琥珀とも関連し、今日の黄色の石であり得る、と説明。『山川』は「コハクのこと。底本は琥の異体字を用いる。碧は珀に石を加えたもの」とのみ註釈。玉川の瑪瑙については『入門ノート』参照。

郡北□里、山田里。多為墾田。因以名之。所有清河、源發北山、近經郡家南、會久慈之河。多取年魚(あゆ)。大如腕(たたむき)之。其河潭、謂之石門。慈樹成林、上即幕歴。浄泉作淵、下是潺湲。青葉自飄、蔭景之盖、白砂亦鋪、翫波之席。夏月熱日、遠里近郷、避暑追涼、促膝携手、唱筑波之雅曲、飲久慈之味酒。雖是人間之遊、頓忘塵中之煩。其里大伴村、有涯。土色黄也。群鳥飛來、啄咀所食。

＊駢儷体の地景情景表現

其河潭　謂之石門
　慈樹成林　上即幕歴
浄泉作淵　下是潺湲
青葉自飄　蔭景之盖
白砂亦鋪　翫波之席
夏月熱日　遠里近郷
避暑追涼　促膝携手
唱筑波之雅曲　飲久慈之味酒
雖是人間之遊　頓忘塵中之煩

＊冒頭、底本等「郡重小田里」の校訂について

「重」を「東」または「二里」の誤写として、校訂する研究者が多い。『県史』は「郡東、小田里」、『岩波』『小学』は「郡北二里、山田里」、『山川』は「郡東小田里」とする。小田里を『和名類聚抄』に載る山田里として、その領域が岩手あたりまでとしても、郡家北方五里はある。遺称地とされる松平の山田入までだと、大里から北、七、八キロ、往時の十五里になる。「解文」の草稿を担当した郡司国司の誤りとするには大きすぎる。

＊底本等「役膝携手」の校訂と訓みについて

「役」、『県史』は狩谷本頭書・類従本・西野本に従い「促」に改める。『小学』『山川』も同様、「促け（ちかづ）」と訓む。『岩波』は底本通りで「役ね（つら）」と訓む。香島郡にも「攜手促膝」（底本「攜手低膝」）の表現あり。

八・七　太田郷

郡東七里、太田郷、長幡部之社。古老曰、珠賣美万命、自天降時、為織御服、従而降之神、名綺日女命、本自筑紫國日向二折之峯、至三野國引津根之丘。後及美麻貴天皇之世、長幡部遠祖、多弖命、避自三野、遷于久慈、造立機殿、初織之。其所織服、自成衣裳、更無裁縫。謂之内幡。或曰、當織絁時、輙為人見、閇屋扇、闇内而織。因名烏織。丁兵丙刃、不得裁断。今毎年別為神調、獻納之。

＊底本等「閇屋扇」の校訂について

『県史』に、この上、中山本傍書・狩谷本・小宮山本・西野本には「故」がある、と。四字句にもなり、文脈が通るか。

＊底本等「ⅰ兵内刃」の校訂と訓みについて

「ⅰ」について、『県史』は、もとの本の破損を示したものとみて空格「□」を置く。『岩波』『山川』は

「ⅰ」を「丁」として、『岩波』は「たけキ」と訓み、『山川』は「丁兵」を「つはものモ」と訓む。『小学』は私案として「丁兵」とし、「かぎのつはもの」と訓む。「内」は、三本ともに「丙」と改め、『岩波』『小学』は「こはキ」と訓む。『山川』は「丙刃」を「やきばモ」と訓む。

八・八　薩都里

自此以北、薩都里。古有國栖、名曰土雲。爰兎上命、發兵誅滅。時能令殺、福哉所言。因名佐都。

北山所有白土、可塗畫之。

八・九　賀毗礼之高峯

東大山、謂賀毗礼之高峯。即在天神。名稱立速男命。一名速經和氣命。本自天降、即坐松澤松樹八俣之上。神祟甚厳。有人向行大小便之時、令示灾故疾苦者。近側居人、毎甚辛苦。具状請朝。遣片岡大連。敬祭祈曰、今所坐此処、百姓近家、朝夕穢臭。理不令坐。宜避移可鎮高山之浄境。於是、神聽禱告、遂登賀毗礼之峯。其社、以石為垣、中種属甚多。并品宝、弓桙釜器之類、皆成石存之。凢諸鳥經過者、尽急飛避、無當峯上。自古然為、今亦同之。即有小水、名薩都河。源起北山、流南而入渋河。（以下畧之）

＊底本等「令示灾故疾苦者」の校訂と訓みについて

「故」、『県史』は底本通りで、中山本傍書・小宮山本傍書・伴本傍書には「致カ」とあり、類従本・西野本には「致」に改めてある、と。『岩波』『小学』は「致」として「灾(わざはひ)を示し、疾苦(やまひ)を致(いた)さしむ」と訓む。『山川』は底本通りで、「灾(わざはひ)を示さしむ。故(かれ)、疾苦(やまひ)あれば」と訓む。

＊底本「理不令坐」の校訂と訓みについて

「令」、『県史』に、中山本傍書・小宮山本傍書には「合カ」とあり、伴本所引イ本・類従本・西野本には「合」とある、と。『岩波』『小学』は「合」として「坐(いま)すべからず」と訓む。『山川』は底本通りで「坐(いま)さしめず」と訓む。

＊底本等「流南同入渋河」の校訂と訓みについて

『県史』は底本等通り。『岩波』は「流南而入久慈河」とし、『小学』は「流南入久慈河（みなみへながれて…）」とする。『山川』は「流南同久慈河（みなみのかたおなじくくじかはにながる）」とする。底本を生かして「流南而入渋河」と訓む。なおこの小水は御岩山の北麓を流れる、里川の支流入四間川のこと。

八・十　密筑里

所稱高市(たかち)。自此東北二里、密筑里。村中浄泉、俗大井。夏冷冬温。湧流成川。夏暑之時、遠迩郷里、酒肴齎賚、男女會集、休遊飲楽。其東南臨海濵。〔石決明(あはひ)棘甲蠃、魚貝等類甚多。〕西北帯山野。〔椎櫟榧栗生、鹿猪住之。〕凡山海珎味、不可悉記。

＊底本等「洽冬温」の校訂と訓みについて

『県史』は、「夏冷冬温」とする。中山本傍書・狩谷本頭書・小宮山本傍書・類従本・西野本に従って「夏」

字を補い、狩谷本頭書・小宮山本傍書・類従本・西野本に従って、「洽」を「冷」に改めた、とある。『岩波』『小学』も同様。『山川』は底本通りで、「洽(あまね)く冬(ふゆ)温(あたた)かなり」と訓む。ここは、下文に「夏暑之時、遠迩郷里、酒肴齎賫、男女會集」とあり、夏の暑い時期の男女行楽がテーマになっているので、「夏冷」としたい。

八・十一　助川駅家

自此艮卅里、助川駅家。昔号遇鹿(あいか)。古老曰、倭武天皇、至於此時、皇后参遇。因名矣。至宰(みこともち)久米大夫之時、為河取鮭、改名助。〔俗語、謂鮭祖為須介。〕

九　多珂郡

九・一　郡域

多珂郡。〔東南並大海、西北陸奥常陸二國堺之高山。〕

＊主な異体字等

徃＝往　㺯＝珍　滰＝漁

九・二　郡名起源并道前道後

古老曰、斯我高穴穗宮大八洲照臨天皇之世、以建御狹日命、任多珂國造。茲人初至、歷験地体、以為峯険岳崇、因名多珂之國。〔謂建御狹日命者、即是出雲臣同属。今多珂石城所謂是也。風俗記云、薦枕多珂之國。〕建御狹日命、當所遣時、以久慈堺之助河、為道前、〔去郡西北六十里、今猶稱道前里。〕陸奥国石城郡苦麻之村、為道後。

＊底本等「去郡西北六十里今猶稱道前里」の校訂について

『県史』底本通り。『岩波』は「西南三十里」に改め、「手綱（多珂郡家の推定地）から助川まで約十八粁弱、古の里程で概数三〇里」と記す。『小学』『山川』は底本通り。地図上で、国道六号線の宮田川右岸近くの桐木田三差路信号から高萩駅の北側、東本町信号まで約十六キロ、さらに下手綱大高台まで上がるとおよそ二十キロになる。当時の里程で、三十七里ほど、方角は南南西。

＊「苦麻之村」について

今の福島県大熊町。町南部を東流する熊川を境界としたか。平成二十三年二〇一一、三月十一日、東日本大震災時、熊川の北側、大熊町と双葉町の太平洋側に立地した東京電力福島第一原子力発電所の原子炉三基が炉心溶融事故を起こした。人類史に痛恨の汚点を残す。

九・三　多珂石城二郡分置

其後至難波長柄豊前大宮臨軒天皇之世、癸丑年、多珂國造石城直美夜部、石城評造部志許赤等、請申惣領高向大夫、以所部遠隔、往来不便、分置多珂石城二郡。〔石城郡、今存陸奥國堺内。〕

＊「石城評造部志許赤」について

『いわき市史』は、この「評造部」は、『続日本紀』神護景雲三年七六九、三月十三日条「賜磐城人外正六位上丈部山際於保磐城臣」に見える「丈部」の「丈」字の脱落か、と記す。

九・四　道前里

其道前里、飽田村。古老曰、倭武天皇、為巡東垂（ほとり）、頓宿此野。有人奏曰、野上群鹿、無数甚多。

其聳角、如蘆枯之原、比其吹氣、似朝霧之立。又海有鰒魚(あはひ)、大如八尺。并諸種珎味、遊理□多者。於是、天皇幸野、遣橘皇后、臨海令漁。相競捕獲之利、別探山海之物。此時、野狩者、終日駈射、不得一宍。海漁者、須臾才採、尽得百味焉。獵漁已畢、奉羞御膳。時勅陪従曰、今日之遊、朕与家后、各就野海、同争祥福。〔俗語曰、佐知。〕野物雖不得、而海味尽飽喫者。後代追跡、名飽田村。

＊底本等「鰒魚」の校訂について

松下本には、「鰒魚」に「アハビ」の傍訓あり。『県史』は底本のママ、三本は「鰒魚」に改める。

＊底本等「遊理□多者」の校訂と訓みについて

底本等、空白の右に寄せて小さく「欠」とある。『県史』は「埋」として、後藤藏四郎説（新標注一五七頁）に従って改めた、と。『岩波』は、「遊漁利多者」として、「遊漁(うをのあそび)の利多(さちおほ)し」と訓む。『小学』『山川』は底本通り。なお、『小学』は頭注に、「游埋甚多」「遊鯉□」「遊漁利多」「遊理甚多」の諸説を載せる。

九・五　仏濵

國宰川原宿祢黒麿時、大海之辺石壁、彫造観世音菩薩像。今存矣。因号佛濵。（以下畧之）

九・六　藻嶋驛家

郡南卅里、藻嶋(もしま)驛家。東南濵碁、色如珠玉。所謂常陸國所有麗碁子、唯是濵耳。昔倭武天皇、

乗舟浮海、御覧島礒。種々海藻、多生茂榮。因名。今亦然。（以下畧之）（私曰此以後本欠了）

＊底本等「多生茂禁」の校訂と訓みについて

『県史』は、底本等の「禁」、松下本には「榮」と傍書がある。松下本傍書に従って改めた。中山本傍書・小宮山本傍書には「繁カ」とあり、伴本所引イ本・類従本・西野本には「繁」とある、と。『岩波』『小学』ともに、「榮」として各「茂榮（しげ）れりき」「茂（しげ）り榮（さか）ゆ」と訓む。『山川』は底本通りで、「生ひ茂れば禁（し）めたまひき」と訓み、「藻島」の命名「藻しむ」を説明する。

九・七　道の後析藻の山（逸文、『萬葉集注釋』巻七、原文はカタカナ）

常陸多珂郡析藻（たなめ）山をも、風土記歌（の）には、みちのしりたなめのやまとよめり、常陸は東海道のはてなるゆゑ也。

九・八　伊福部の岳（参考、『塵袋』第八、『県史』より。原文はカタカナ）

常陸国記に「昔（むかし）兄と妹と同日に田をつくりて、今日をそくうへたらんものは、伊福部（いふくべ）神のわさはひをかふるへしと云けるほとに、妹か田ををそくうへたりけり、其の時いかつちなりて妹をけころしつ、兄大になけきて、うらみて、かたきをうたんとするに、其の神の所在をしらす、一の雌雉（めきし）とひ來たりてかたのうへにゐたり、へそをとりて雉の尾にかけたるにきしとひて伊福部岳にあかりぬ、又其のへそをつなきてゆくに、いかつちのふせる石屋にいたりて、たちをぬきて神雷をきらんとするに、神雷をそれをの丶きて、たすからん事をこふ、ねかはくはきみか命にしたかひて、百歳ののちにいたるまて、きみか子孫のすゑに雷震のをそれなからんと、是をゆるして、ころさす、きしの恩をよろこひて、生々世々に徳を忘れし、若し違犯あらは病にまつはれて、生涯不幸なるへしとちかへり、其の故に其の所の百姓は今の世まて、雉をくはす」とかや、此の事をかける旿に「取續麻〔俗云倍蘇〕繫其雉尾」云へり、

訓読文（『山川』を参照）

『常陸国記』に、昔、兄と妹と同じ日に田をつくりて、「今日、遅く植ゑたらん者は、伊福部神の災ひを被るべし」と云ひけるほどに、妹か田を遅く植ゑたりけり。其の時、雷鳴りて、妹を蹴殺しつ。兄大いに嘆きて、恨みて、仇を討たんとするに、其の神の所在を知らず。一の雌雉飛び来たりて肩の上に居たり。續麻を取りて雉の尾に繫けたるに、雉飛びて伊福部岳に上りぬ。又、其の續麻を認ぎて行くに、雷の伏せる石屋に到りて、大刀を抜きて神雷を斬らんとするに、神雷恐れおののきて、助からん事を請ふ。「願はくは、君が命に従ひて、百歳の後に至るまて、君か子孫の末裔に雷震の恐れなからん」と。是を許して、殺さず。雉の恩を喜びて、「生々世々に徳を忘れじ。若し違反あらば、病に纏はれて、生涯不幸なるべし」と

誓へり。其の故に、其の所の百姓は、今の世まで雉を食はずとかや。此の事を書ける所に、續麻〔俗、「倍蘇」と云ふ。〕を取りて、其の雉の尾に繫く、と云へり。

十『県史』に載る奥書等

十・一　菅政友本奥書

右常陸風土記一冊、就彰考館藏本摸寫焉。按舊記原本蓋延寶中以松平加賀守所藏本所寫也。

文久二年八月五日　　菅　政友

＊「蓋」この字は四本集成にはない。

十・二　松下見林本奥書

右常陸國風土記、申出貴所御本、躬自寫之。闕文斷簡、雖多遺憾、希代之物也。為他書之徵不少、宜秘藏而已。

元禄六年三月四日

あとがきにかえて

菅政友本の成立について一言触れておきたい。

常陸国風土記は、江戸時代のはじめ、水戸家西山公が、加賀前田家蔵本を借りて書写させたものが世に出た最初である（彰考館本と呼ぶ）。幕末、一九世紀に入り、塙保己一校勘『群書類従』所収本・西野宣明校訂『訂正常陸国風土記』など木版本が出版され、広く流布する。しかし、彰考館にあった原本は昭和二〇年八月戦火で焼失し、前田家本も散逸し現存しない。

彰考館目録には、四冊の風土記写本が載る。その中に、「風土記残篇　冊数二」とある。その二冊は、延宝と宝暦の奥書があるものと、奥書がないもので、この奥書がない方が原写本で、他が複写と考えられる。この原写本を「本書のまま写せる」ものが菅政友本であるという（栗田寛跋文、早大図書館所蔵写本）。また、菅政友本は「彰考館本の中でも加賀前田家本を直接に写した原写本をもとにしたものと見てよいと思ふ。現存本の中では最も優れた写本と言ふことができる」と（飯田瑞穂著作集2「『常陸風土記』の諸本について」）。

彰考館本の写本の一部に、延宝五年一六七七、一一月、加賀前田家の蔵本を借りて書写した、との奥書が残る。また、前田家の尊経閣文庫には古筆了祐の目録が在り、その中に、「常陸風土記　全部　一冊　中院殿内大臣通村公御真筆…」とある。「断定はできないが、さほど流伝の多い書物ではないので、おそらく加賀本といふのはこの本をさす」とある。

中院通村（一五八八～一六五三）、京都の公卿。通村は加賀藩主前田利常と往来があり、その曾孫中院通躬は利常の孫綱紀と親交があったという。また、綱紀は水戸光圀の姉を母とする。彰考館本の親本が中院通村の筆跡であったとすると、風土記の書写年代は、元和・寛永の前後（一六一五～一六四四）とされる（飯田瑞穂著作集2「加賀本『常陸国風土記』のこと」）。

本書の出版は、ひとえに昨年出版業務を終了した崙書房出版の小林規一氏、氏と旧知の夢工房の片桐務氏のご助力のたまものであることを記す。

二〇二〇（令和二）年五月三十一日　　　著者

著者　増田　寧（ますだ　やすし）

昭和十六（一九四一）年二月 東京都生まれ。

昭和三九年 東京教育大学文学部史学科東洋史学卒業。同年 埼玉県立高等学校教員。県立川越高等学校十三年をはじめとし、教諭三校二一年、教頭三校七年、校長三校九年、勤務。三七年間、職務に専念。

平成十三（二〇〇一）年三月 県立所沢西高等学校をもって、定年退職。同年四月 北海道中札内村寓居に単身移住、晴耕雨読。川越旧宅と年数回往来。平成三十年、川越にもどる。

風土記研究会会員
著書『『常陸国風土記』入門ノート　風土記ロマン　読む　歩く　見る』（二〇一七・三　崙書房出版）

原文訓読　歩くための
常陸国風土記テキスト

令和二（二〇二〇）年八月一日　初版第一刷発行

著　者　増田　寧
発行者　片桐　務
発行所　有限会社　夢工房
　神奈川県秦野市東田原200-49 〒257-0028
　TEL　0463（82）7652
　FAX　0463（83）7355
　Eメール　yumekoubou-t@nifty.com
印刷・製本　株式会社アルファ

ISBN978-4-86158-094-9　C0021　¥800E